EURO PHRASES FOR TOURISTS

German, French Spanish and Italian

Michael Christian Bell

Copyright © 2024 Michael Christian Bell

All rights reserved

CONTENTS

Title Page
Copyright
Introduction
Travelers Quick Guide   1
French   3
Spanish   5
Italian   7
Expansive Phrase Guide   9
German   10
Expressions of Surprise and Common Reactions   11
Basic Numbers   12
Colors   13
Essential Greetings and Polite Expressions   14
Travel and Transportation   16
Accommodation and Lodging   17
Dining Out   18

Shopping	19
Emergency and Health	20
Social and Cultural Interactions	21
Exploring Museums and Cultural Sites	22
Nightlife and Entertainment	23
Meeting Locals and Socializing	24
Outdoor and Adventure Activities	25
Events and Festivals	26
Asking for Recommendations	27
Unexpected Situations	28
Trains (Züge)	29
Boats (Boote und Fähren)	31
Planes (Flugzeuge)	33
Cars (Autos und Taxis)	35
General Accommodation Phrases	37
Hotels (Hotels)	39
Hostels and Backpacker Lodges	40
Camping (Campingplätze und Zelte)	41
Other Types of Accommodation	42
Emergencies and Accidents	43
Doctor's Visit	45
Pharmacy (Apotheke)	46
Gyms and Fitness	48
Additional Health-Related Phrases	50

General Sports and Recreation	52
Soccer (Fußball)	53
Swimming (Schwimmen)	54
Skiing (Skifahren)	55
Mountaineering (Bergsteigen)	56
Weather Phrases	58
Family Phrases	59
Age and Related Phrases	60
French language	61
Common Questions	62
Essential Survival Phrases	63
Numbers (1–10)	64
Colors	65
Transportation Phrases	66
Accommodation Phrases	68
Food and Dining Phrases	70
Shopping Phrases	72
Emergency Phrases	74
Sightseeing Phrases	76
Weather Phrases	78
Family Phrases	79
Personal Introductions	81
Dining Phrases	83
Travel Phrases	85

Asking for Directions	87
Shopping Phrases	89
Emergency Phrases	91
Leisure and Activities Phrases	93
Accommodation Phrases	95
Sports and Recreation Phrases	97
Cultural Expressions	99
Weather Phrases	101
Family Phrases	103
Questions About Age	105
Food Phrases	106
Directions Phrases	108
Ordering Food	110
Shopping Phrases	112
Emergency Phrases	114
Sports and Recreation Phrases	116
Local Transport Phrases	118
Accommodation Phrases	120
Spanish	122
Numbers	124
Colors	125
Weather Phrases	126
Family Phrases	128
Accommodation and Lodging	130

Dining Out	132
Shopping	134
Emergency and Health	136
Social and Cultural Interactions	138
Exploring Museums and Cultural Sites	140
Nightlife and Entertainment	142
Meeting Locals and Socializing	144
Outdoor and Adventure Activities	146
Events and Festivals	149
Asking for Recommendations	151
Unexpected Situations	153
Trains	155
Boats	157
Planes	159
Cars (Autos y Taxis)	161
General Accommodation Phrases	163
Hotels (Hoteles)	165
Hostels and Backpacker Lodges	167
Camping (Campingplätze und Zelte)	169
Other Types of Accommodation	171
Emergencies and Accidents	173
Doctor's Visit	175
Pharmacy	177
Gyms and Fitness	179

Additional Health-Related Phrases	181
General Sports and Recreation	183
Soccer (Fútbol)	185
Swimming (Natación)	187
Skiing (Esquí)	189
Mountaineering (Montañismo)	191
Weather Phrases (Frases del Clima)	193
Family Phrases (Frases de Familia)	195
Age and Related Phrases (Edad y Frases Relacionadas)	197
Greetings and Polite Expressions (Saludos y Expresiones Corteses)	199
Common Questions (Preguntas Comunes)	201
Essential Survival Phrases (Frases de Supervivencia Esenciales)	203
Numbers (1–10) (Números del 1 al 10)	205
Colors (Colores)	206
Essential Survival Phrases (Frases de Supervivencia Esenciales)	207
Italian Greetings and Polite Expressions	209
Expressions of Surprise and Common Reactions	211
Colors	213
Essential Greetings and Polite Expressions	214
Travel and Transportation	216

Accommodation and Lodging	218
Dining Out	220
Shopping	221
Emergency and Health	223
Social and Cultural Interactions	225
Exploring Museums and Cultural Sites	227
Nightlife and Entertainment	229
Meeting Locals and Socializing	231
Outdoor and Adventure Activities	233
Events and Festivals	235
Asking for Recommendations	237
Unexpected Situations	239
Trains	241
Boats	243
Planes	245
Cars (Autos and Taxis)	247
General Accommodation Phrases	248
Hotels	250
Hostels and Backpacker Lodges	251
Camping	252
Other Types of Accommodation	253
Emergencies and Accidents	254
Doctor's Visit	256
Pharmacy	258

Gyms and Fitness	260
Additional Health-Related Phrases	262
General Sports and Recreation	264
Soccer (Calcio)	266
Swimming (Nuoto)	268
Skiing (Sci)	270
Mountaineering Phrases	272
Weather Phrases	274
Family Phrases	276
Age and Related Phrases	278
Ordinal Numbers	280
Food Ordering Phrases in Fast Food Situations	282

INTRODUCTION

Tourism and travel are among the most enriching experiences life has to offer. Exploring new places, cultures, and adventures is a joy shared by people from all walks of life. While English is widely spoken and someone is often able to lend a hand, there are times when travelers may find themselves in situations where no one around speaks English. I've been in that very position, and I can tell you—it can be incredibly frustrating!

Today, we're fortunate to have smartphones with advanced instant translation tools at our fingertips. However, internet connections and mobile data aren't always available, especially when you're off the beaten path. That's where this book comes in.

This phrasebook is designed to be a practical companion for travelers. Whether you're navigating bustling cities, remote countryside, or vibrant local events, the phrases here can help you communicate in German, French, Spanish, or Italian. It's also a great resource if you're looking to learn these languages and broaden your horizons.

Whether you're backpacking across Europe, immersing yourself in local cultures, or just trying to order a meal in a foreign language, this book will be your guide to making connections and having memorable experiences.

Let the adventure begin!

Words may be repeated throughout the book. Travelers will also find this collection of phrases useful in African French-speaking regions, as well as in Spanish-speaking areas across South America, Central America, and Mexico.

TRAVELERS QUICK GUIDE

Essential words and phrases for each language that would quickly benefit travelers in common situations:

German

1. Basic Greetings and Polite Phrases

- Hello: *Hallo* (HAH-loh)
- Goodbye: *Auf Wiedersehen* (owf VEE-der-zay-en)
- Please: *Bitte* (BIH-teh)
- Thank you: *Danke* (DAHN-keh)
- Excuse me: *Entschuldigung* (ent-SHOOL-dee-goong)

2. Numbers and Counting

- One: *Eins* (ines)
- Two: *Zwei* (tsvye)
- Three: *Drei* (dry)

- Ten: *Zehn* (tsayn)

3. **Directions and Transportation**

- Where is the train station? *Wo ist der Bahnhof?* (voh ist der BAHN-hohf?)
- Left: *Links* (links)
- Right: *Rechts* (rekhts)

4. **Dining and Food**

- I would like…: *Ich hätte gerne…* (ikh HET-teh GER-neh)
- Water: *Wasser* (VAH-ser)
- The menu, please: *Die Speisekarte, bitte* (dee SHPY-zeh-kahr-teh, BIH-teh)

5. **Emergencies and Medical Needs**

- Help! *Hilfe!* (HIL-feh)
- I need a doctor: *Ich brauche einen Arzt* (ikh BROH-kheh EYN-en artst)

FRENCH

1. Basic Greetings and Polite Phrases

- Hello: *Bonjour* (bohn-ZHOOR)
- Goodbye: *Au revoir* (oh ruh-VWAHR)
- Please: *S'il vous plaît* (seel voo pleh)
- Thank you: *Merci* (mehr-SEE)
- Excuse me: *Excusez-moi* (ex-kew-ZAY mwah)

2. Numbers and Counting

- One: *Un* (uh)
- Two: *Deux* (duh)
- Three: *Trois* (trwah)
- Ten: *Dix* (dees)

3. Directions and Transportation

- Where is the airport? *Où est l'aéroport ?* (oo eh lay-eh-por?)
- Left: *Gauche* (gohsh)
- Right: *Droite* (dru-AT)

4. Dining and Food

- I would like...: *Je voudrais...* (zhuh voo-DRAY)
- Water: *De l'eau* (duh loh)
- The menu, please: *La carte, s'il vous plaît* (lah kart, seel voo pleh)

5. Emergencies and Medical Needs

- Help! *Au secours!* (oh suh-KOOR)
- I need a doctor: *J'ai besoin d'un médecin* (zhay beh-ZWAHN duh MED-sahn)

SPANISH

1. Basic Greetings and Polite Phrases

- Hello: *Hola* (OH-lah)
- Goodbye: *Adiós* (ah-dee-OHS)
- Please: *Por favor* (por fah-VOR)
- Thank you: *Gracias* (GRAH-syahs)
- Excuse me: *Perdón* (pehr-DOHN)

2. Numbers and Counting

- One: *Uno* (OO-noh)
- Two: *Dos* (dos)
- Three: *Tres* (tres)
- Ten: *Diez* (dyehs)

3. Directions and Transportation

- Where is the bus station? *¿Dónde está la estación de autobuses?* (DOHN-deh es-TAH lah es-ta-SYON deh ow-toh-BOO-ses?)
- Left: *Izquierda* (ees-KYER-dah)
- Right: *Derecha* (deh-REH-chah)

4. Dining and Food

- I would like...: *Quisiera...* (kee-SYER-ah)
- Water: *Agua* (AH-gwah)
- The menu, please: *El menú, por favor* (el meh-NOO, por fah-VOR)

5. Emergencies and Medical Needs

- Help! *¡Ayuda!* (ah-YOO-dah)
- I need a doctor: *Necesito un médico* (neh-seh-SEE-toh oon MEH-dee-koh)

ITALIAN

1. Basic Greetings and Polite Phrases

- Hello: *Ciao* (chow)
- Goodbye: *Arrivederci* (ah-ree-veh-DER-chee)
- Please: *Per favore* (pehr fah-VOH-reh)
- Thank you: *Grazie* (GRAHT-see-eh)
- Excuse me: *Scusi* (SKOO-zee)

2. Numbers and Counting

- One: *Uno* (OO-noh)
- Two: *Due* (DOO-eh)
- Three: *Tre* (treh)
- Ten: *Dieci* (DEE-eh-chee)

3. Directions and Transportation

- Where is the train station? *Dove si trova la stazione?* (DOH-veh see TROH-vah lah stah-TSYOH-neh?)
- Left: *Sinistra* (see-NEES-trah)
- Right: *Destra* (DES-trah)

4. Dining and Food

- I would like...: *Vorrei...* (vor-REH-ee)
- Water: *Acqua* (AH-kwah)
- The menu, please: *Il menù, per favore* (eel meh-NOO, pehr fah-VOH-reh)

5. Emergencies and Medical Needs

- Help! *Aiuto!* (ah-YOO-toh)
- I need a doctor: *Ho bisogno di un dottore* (oh bee-ZOH-nyoh dee oon doht-TOH-reh)

EXPANSIVE PHRASE GUIDE

GERMAN

Greetings and Polite Expressions

- **Hallo** – Hello
- **Guten Morgen** – Good morning
- **Guten Tag** – Good day
- **Guten Abend** – Good evening
- **Gute Nacht** – Good night
- **Tschüss** – Bye
- **Auf Wiedersehen** – Goodbye
- **Wie geht's?** – How are you?
- **Gut, danke. Und dir?** – Good, thank you. And you?
- **Bitte** – Please / You're welcome
- **Danke** – Thank you
- **Entschuldigung** – Excuse me / Sorry
- **Es tut mir leid** – I'm sorry
- **Ich heiße...** – My name is...
- **Ich komme aus...** – I'm from...

EXPRESSIONS OF SURPRISE AND COMMON REACTIONS

- **Oh!** – Oh!
- **Wow!** – Wow!
- **Wirklich?** – Really?
- **Unglaublich!** – Unbelievable!
- **Das ist ja toll!** – That's great!
- **Das gibt's doch nicht!** – I can't believe it!
- **Was für eine Überraschung!** – What a surprise!
- **Hilfe!** – Help!
- **Achtung!** – Watch out!

BASIC NUMBERS

- **Eins** – One
- **Zwei** – Two
- **Drei** – Three
- **Vier** – Four
- **Fünf** – Five
- **Sechs** – Six
- **Sieben** – Seven
- **Acht** – Eight
- **Neun** – Nine
- **Zehn** – Ten
- **Elf** – Eleven
- **Zwölf** – Twelve
- **Zwanzig** – Twenty
- **Hundert** – One hundred
- **Tausend** – One thousand

COLORS

- **Rot** – Red
- **Blau** – Blue
- **Grün** – Green
- **Gelb** – Yellow
- **Schwarz** – Black
- **Weiß** – White
- **Braun** – Brown
- **Orange** – Orange
- **Rosa** – Pink
- **Lila** – Purple
- **Grau** – Gray

ESSENTIAL GREETINGS AND POLITE EXPRESSIONS

- **Hallo!** (HAH-loh) – Hello!
- **Guten Morgen!** (GOO-ten MOHR-gen) – Good morning!
- **Guten Tag!** (GOO-ten TAHG) – Good day!
- **Guten Abend!** (GOO-ten AH-bent) – Good evening!
- **Tschüss!** (TCHOOS) – Bye!
- **Auf Wiedersehen!** (OWF VEE-der-zay-en) – Goodbye!
- **Danke!** (DAHN-keh) – Thank you!
- **Bitte!** (BIT-teh) – Please / You're welcome.
- **Entschuldigung!** (Ent-SHUL-dee-goong) – Excuse me!
- **Sprechen Sie Englisch?** (SHPREKH-en zee ENG-lish?) – Do you speak English?
- **Ich spreche kein Deutsch.** (Ish SHPREKH-eh

kine DOYTCH) – I don't speak German.
- **Können Sie mir helfen?** (KURN-en zee meer HEL-fen?) – Can you help me?

TRAVEL AND TRANSPORTATION

- **Wo ist die nächste U-Bahn-Station?** (Voh ist dee NEX-teh OO-bahn shtah-tsyohn?) – Where is the nearest subway station?
- **Wie komme ich zum Bahnhof?** (Vee KOM-meh ish tsoom BAHN-hohf?) – How do I get to the train station?
- **Wie viel kostet ein Ticket nach...?** (Vee feel KOSS-tet ine TIK-ket nahkh?) – How much is a ticket to...?
- **Gibt es hier eine Bushaltestelle?** (Gibt es heer I-neh BOOS-hal-teh-shtel-leh?) – Is there a bus stop here?
- **Wann fährt der Zug nach...?** (Vahn fahrt der TSUG nahkh...?) – When does the train to... leave?
- **Ich möchte ein Fahrrad mieten.** (Ish MURKH-teh ine FAH-raad MEE-ten) – I'd like to rent a bike.

ACCOMMODATION AND LODGING

- **Haben Sie ein Zimmer frei?** (HAH-ben zee ine TSIM-mer fry?) – Do you have a room available?
- **Wie viel kostet das pro Nacht?** (Vee feel KOSS-tet dahs proh NAKHT?) – How much is it per night?
- **Gibt es ein Hostel in der Nähe?** (Gibt es ine HOHS-tel in der NAY-eh?) – Is there a hostel nearby?
- **Ich hätte gerne ein Einzelzimmer/ Doppelzimmer.** (Ish HET-teh GERN-eh ine INE-tsel-tsim-mer / DOP-pel-tsim-mer) – I'd like a single room / double room.
- **Wo kann ich mein Gepäck lassen?** (Voh kann ish mine geh-PECK lah-sen?) – Where can I leave my luggage?

DINING OUT

- **Kann ich bitte die Speisekarte haben?** (Kahn ish BIT-teh dee SHPY-zeh-kar-teh HAH-ben?) – Can I have the menu, please?
- **Was empfehlen Sie?** (Vahs emp-FAY-len zee?) – What do you recommend?
- **Ich hätte gerne...** (Ish HET-teh GERN-eh...) – I'd like...
- **Gibt es vegetarische/vegane Optionen?** (Gibt es veh-ghe-TAH-rish-eh / veh-GAH-neh OHP-tsyo-nenn?) – Are there vegetarian/vegan options?
- **Die Rechnung, bitte.** (Dee REKH-noong BIT-teh) – The bill, please.
- **Kann ich mit Karte bezahlen?** (Kahn ish mit KAR-teh beh-ZAH-len?) – Can I pay by card?

SHOPPING

- **Wie viel kostet das?** (Vee feel KOSS-tet dahs?) – How much does that cost?
- **Haben Sie das in einer anderen Größe?** (HAH-ben zee dahs in IN-er AHN-der-en GROY-seh?) – Do you have that in another size?
- **Ich schaue mich nur um.** (Ish SHOU-eh mikh noor oom) – I'm just looking.
- **Wo ist die Kasse?** (Voh ist dee KAH-seh?) – Where is the cashier?

EMERGENCY AND HEALTH

- **Wo ist das nächste Krankenhaus?** (Voh ist dahs NEX-teh KRAHN-ken-house?) – Where is the nearest hospital?
- **Ich brauche einen Arzt.** (Ish BROW-khe IN-en AHRTST) – I need a doctor.
- **Ich habe mich verlaufen.** (Ish HAH-beh mikh fer-LOUF-en) – I'm lost.
- **Mein Telefon funktioniert nicht.** (Mine TEH-leh-fohn foonk-tsee-oh-NERT nikht) – My phone isn't working.
- **Rufen Sie bitte die Polizei!** (ROO-fen zee BIT-teh dee POH-lee-tsigh!) – Please call the police!

SOCIAL AND CULTURAL INTERACTIONS

- **Wo ist ein gutes Café/Restaurant?** (Voh ist ine GOO-tes KAH-fay / Res-tau-RAHNT?) – Where is a good café/restaurant?
- **Gibt es hier kostenloses WLAN?** (Gibt es heer KOSS-ten-loh-ses VAY-lahn?) – Is there free Wi-Fi here?
- **Kann ich ein Foto machen?** (Kahn ish ine FOH-toh MAKH-en?) – Can I take a picture?
- **Was ist hier in der Nähe sehenswert?** (Vahs ist heer in der NAY-eh ZAY-ens-vayrt?) – What is worth seeing around here?
- **Ich möchte gern die Sehenswürdigkeiten sehen.** (Ish MURKH-teh gern dee ZAY-ens-vooer-deeg-kite-en ZAY-en) – I'd like to see the sights.

EXPLORING MUSEUMS AND CULTURAL SITES

- **Wann öffnet/schließt das Museum?** (Vahn UHRF-net / SHLEEST dahs MOO-zay-oom?) – When does the museum open/close?
- **Wo kann ich Tickets kaufen?** (Voh kahn ish TIK-kets KAU-fen?) – Where can I buy tickets?
- **Gibt es Führungen?** (Gibt es FOO-er-oong-en?) – Are there guided tours?
- **Sind Audio-Guides verfügbar?** (Zind OW-dee-oh-GUY-ts fer-FOO-gee-bar?) – Are audio guides available?
- **Darf ich hier Fotos machen?** (Darf ish heer FOH-tohs MAKH-en?) – May I take photos here?

NIGHTLIFE AND ENTERTAINMENT

- **Gibt es hier eine gute Bar/Kneipe?** (Gibt es heer I-neh GOO-teh BAR / KNIPE?) – Is there a good bar/pub here?
- **Welche Clubs sind heute Abend geöffnet?** (VEL-kheh Klubs zint HOY-teh AH-bent geh-OEF-net?) – Which clubs are open tonight?
- **Ich hätte gerne ein Bier/Wein.** (Ish HET-teh GERN-eh ine Beer / Vine) – I'd like a beer/wine.
- **Wo kann ich tanzen gehen?** (Voh kahn ish TANT-sen GAY-en?) – Where can I go dancing?
- **Ist hier Live-Musik heute Abend?** (Ist heer LAYF-Moo-zeek HOY-teh AH-bent?) – Is there live music tonight?

MEETING LOCALS AND SOCIALIZING

- **Wie heißt du?** (Vee HIGHST doo?) – What's your name? (Informal)
- **Mein Name ist...** (Mine NAH-meh ist...) – My name is...
- **Woher kommst du?** (Voh-HER komst doo?) – Where are you from?
- **Ich bin Tourist/Touristin.** (Ish bin TOO-reest / TOO-rees-tin) – I'm a tourist.
- **Was empfehlen Sie hier zu tun?** (Vahs emp-FAY-len zee heer tsoo toon?) – What do you recommend to do here?
- **Es war nett, dich kennenzulernen.** (Es vahr nett, dikh KEN-nen-tsoo-lair-nen) – It was nice meeting you.

OUTDOOR AND ADVENTURE ACTIVITIES

- **Wo ist der nächste Wanderweg?** (Voh ist der NEX-teh VAHN-der-veyg?) – Where is the nearest hiking trail?
- **Kann man hier ein Boot mieten?** (Kahn mahn heer ine BOHT MEE-ten?) – Can you rent a boat here?
- **Gibt es hier schöne Seen/Berge?** (Gibt es heer SHU-nuh ZAY-en / BER-guh?) – Are there beautiful lakes/mountains nearby?
- **Ist Schwimmen hier erlaubt?** (Ist SHVIM-men heer er-LOWBT?) – Is swimming allowed here?
- **Wo kann ich ein Fahrradweg finden?** (Voh kahn ish ine FAH-rad-veyg FIN-den?) – Where can I find a bike path?

EVENTS AND FESTIVALS

- **Was gibt es hier diese Woche zu tun?** (Vahs gibt es heer DEE-zeh VOH-kheh tsoo toon?) – What's happening here this week?
- **Wann beginnt das Festival/Konzert?** (Vahn be-GINT dahs FESS-ti-val / KON-tsayrt?) – When does the festival/concert start?
- **Braucht man Tickets im Voraus?** (Browkht mahn TIK-kets im FOHR-owss?) – Do you need to book tickets in advance?
- **Gibt es einen Markt am Wochenende?** (Gibt es IN-en MARKT am VOH-khen-en-deh?) – Is there a market on the weekend?

ASKING FOR RECOMMENDATIONS

- **Können Sie ein gutes Restaurant empfehlen?** (KURN-en zee ine GOO-tes Res-tau-RAHNT emp-FAY-len?) – Can you recommend a good restaurant?
- **Wo ist das beste Café?** (Voh ist dahs BESS-teh KAH-fay?) – Where's the best café?
- **Was ist das beste deutsche Gericht?** (Vahs ist dahs BESS-teh DOYT-cheh Geh-RIKT?) – What's the best German dish?
- **Gibt es hier ein verstecktes Juwel?** (Gibt es heer ine fer-SHTEK-tes YOO-vel?) – Is there a hidden gem here?

UNEXPECTED SITUATIONS

- **Mein Geldbeutel wurde gestohlen.** (Mine GELT-boy-tel VUR-deh ge-SHTOH-len) – My wallet has been stolen.
- **Ich habe meinen Pass verloren.** (Ish HAH-beh MI-nehn Pahss fer-LOH-ren) – I lost my passport.
- **Gibt es ein Fundbüro?** (Gibt es ine FOOND-boo-roh?) – Is there a lost-and-found?
- **Ich habe den Anschluss verpasst.** (Ish HAH-beh den AHNSH-looss fer-PAST) – I missed my connection.
- **Können Sie mir ein Taxi rufen?** (KURN-en zee meer ine TAK-see ROO-fen?) – Can you call me a taxi?

TRAINS (ZÜGE)

- **Wo ist der nächste Bahnhof?** (Voh ist der NEX-teh BAHN-hof?) – Where is the nearest train station?
- **Wie komme ich zum Hauptbahnhof?** (Vee KOH-meh ish tsoom HOUT-bahn-hof?) – How do I get to the main train station?
- **Wann fährt der nächste Zug nach [Berlin]?** (Vahn fahrt der NEX-teh TSOOK nahkh [Berlin]?) – When does the next train to [Berlin] leave?
- **Ist das der Zug nach [Hamburg]?** (Ist dahs der TSOOK nahkh [Hamburg]?) – Is this the train to [Hamburg]?
- **Brauche ich eine Reservierung?** (Brow-kheh ish I-neh Reh-zair-FEE-roong?) – Do I need a reservation?
- **Wo finde ich den Fahrkartenautomaten?** (Voh FIN-deh ish den FAHR-kar-ten-ow-toh-MAH-ten?) – Where can I find the ticket machine?
- **Kann ich ein Ticket im Zug kaufen?** (Kahn ish ine TIK-ket im TSOOK KAU-fen?) – Can I buy a ticket on the train?

- **Wie lange dauert die Fahrt nach [München]?** (Vee LAHN-geh DOW-ert dee FAHRT nahkh [Munich]?) – How long is the journey to [Munich]?
- **Kann ich mit diesem Zug mein Fahrrad mitnehmen?** (Kahn ish mit DEE-sem TSOOK mine FAH-rahdt MIT-neh-men?) – Can I bring my bicycle on this train?

BOATS (BOOTE UND FÄHREN)

- **Wo legt die Fähre ab?** (Voh legt dee FAY-reh ab?) – Where does the ferry depart?
- **Wie komme ich zum Hafen?** (Vee KOH-meh ish tsoom HAH-fen?) – How do I get to the port?
- **Wann fährt das nächste Boot nach [Insel]?** (Vahn fahrt dahs NEX-teh BOHT nahkh [Insel]?) – When does the next boat to [the island] leave?
- **Gibt es eine Rundfahrt?** (Gibt es I-neh ROONT-fahrt?) – Is there a round-trip tour?
- **Wie viel kostet eine Bootsfahrt?** (Vee feel KOSS-tet I-neh BOHTS-fahrt?) – How much does a boat trip cost?
- **Kann ich ein Boot mieten?** (Kahn ish ine BOHT MEE-ten?) – Can I rent a boat?
- **Ist das Boot sicher bei schlechtem Wetter?** (Ist dahs BOHT ZIKH-er by SHLEKH-tem VET-er?) – Is the boat safe in bad weather?
- **Gibt es Schwimmwesten an Bord?** (Gibt es

SHVIMM-ves-ten ahn BORT?) – Are there life jackets on board?

PLANES (FLUGZEUGE)

- **Wo ist der Flughafen?** (Voh ist der FLOOG-hah-fen?) – Where is the airport?
- **Wann geht der Flug nach [Frankfurt]?** (Vahn gate der FLOOG nahkh [Frankfurt]?) – When is the flight to [Frankfurt]?
- **Wo kann ich einchecken?** (Voh kahn ish EYN-shek-en?) – Where can I check in?
- **Wo ist die Sicherheitskontrolle?** (Voh ist dee ZIKH-er-hayts-kon-TROH-leh?) – Where is security control?
- **Kann ich einen Fensterplatz bekommen?** (Kahn ish I-nen FEN-ster-plats beh-KOH-men?) – Can I get a window seat?
- **Wann beginnt das Boarding?** (Vahn be-GINT dahs BOR-ding?) – When does boarding start?
- **Ist mein Gepäck übergepäck?** (Ist mine geh-PEK OO-ber-geh-PEK?) – Is my luggage overweight?
- **Wo finde ich das Gepäckband?** (Voh FIN-deh ish dahs geh-PEK-bahnd?) – Where can I find

the luggage carousel?

CARS (AUTOS UND TAXIS)

- **Wo kann ich ein Auto mieten?** (Voh kahn ish ine OW-toh MEE-ten?) – Where can I rent a car?
- **Gibt es hier eine Tankstelle?** (Gibt es heer I-neh TAHNK-shtel-leh?) – Is there a gas station nearby?
- **Wie viel kostet das Benzin?** (Vee feel KOSS-tet dahs Ben-TSEEN?) – How much is the gas?
- **Wo ist die nächste Werkstatt?** (Voh ist dee NEX-teh VERK-shtat?) – Where is the nearest garage?
- **Können Sie ein Taxi rufen?** (KURN-en zee ine TAK-see ROO-fen?) – Can you call a taxi?
- **Ist das ein offizielles Taxi?** (Ist dahs ine OFF-itz-ee-ELL-es TAK-see?) – Is this an official taxi?
- **Wie viel kostet die Fahrt nach [Adresse]?** (Vee feel KOSS-tet dee FAHRT nahkh [Adresse]?) – How much is the ride to [address]?

- **Muss ich hier parken bezahlen?** (Moos ish heer PAR-ken beh-ZAH-len?) – Do I have to pay for parking here?
- **Gibt es eine Ladestation für Elektroautos?** (Gibt es I-neh LAH-dah-shtah-tsee-ohn fuhr Eh-LEK-troh-OW-tohs?) – Is there a charging station for electric cars?

GENERAL ACCOMMODATION PHRASES

- **Haben Sie ein freies Zimmer?** (HAH-ben zee ine FRY-ess TSIM-mer?) – Do you have a free room?
- **Ich möchte ein Zimmer reservieren.** (Ish MERKH-teh ine TSIM-mer reh-zer-VEE-ren.) – I'd like to reserve a room.
- **Wie viel kostet eine Nacht?** (Vee feel KOSS-tet I-neh NAKHT?) – How much is it per night?
- **Ist Frühstück inbegriffen?** (Ist FROOSH-took INN-beh-griff-en?) – Is breakfast included?
- **Gibt es kostenloses WLAN?** (Gibt es KOSS-ten-loh-ses VAY-lahn?) – Is there free Wi-Fi?
- **Kann ich später auschecken?** (Kahn ish SHPAY-ter OWS-check-en?) – Can I check out later?
- **Kann ich mein Gepäck hier aufbewahren?** (Kahn ish mine geh-PEK heer OWF-beh-vah-ren?) – Can I store my luggage here?

- **Ich brauche frische Handtücher.** (Ish BROW-kheh FRISH-eh HAHND-too-yer.) – I need fresh towels.
- **Wo ist die Rezeption?** (Voh ist dee Reh-zept-see-OWN?) – Where is the reception desk?
- **Gibt es hier ein Restaurant?** (Gibt es heer ine REH-stow-rahnt?) – Is there a restaurant here?

HOTELS
(HOTELS)

- **Gibt es ein günstiges Hotel in der Nähe?** (Gibt es ine GUHN-stig-es HO-tell in der NAY-eh?) – Is there an affordable hotel nearby?
- **Ich habe ein Zimmer mit Balkon gebucht.** (Ish HAH-beh ine TSIM-mer mit Bal-KON geh-BOOKT.) – I booked a room with a balcony.
- **Gibt es einen Zimmerservice?** (Gibt es I-nen TSIM-mer-ZAIR-vees?) – Is there room service?
- **Wie funktioniert die Klimaanlage?** (Vee funk-tsee-oh-NEERT dee KLEE-mah-ahn-lah-geh?) – How does the air conditioning work?
- **Kann ich mein Zimmer wechseln?** (Kahn ish mine TSIM-mer VEX-eln?) – Can I change my room?

HOSTELS AND BACKPACKER LODGES

- **Haben Sie Schlafsäle?** (HAH-ben zee SHLAHF-zay-leh?) – Do you have dormitories?
- **Gibt es ein Gemeinschaftszimmer?** (Gibt es ine Geh-MYNE-shafts-TSIM-mer?) – Is there a shared room?
- **Wie viele Personen sind im Schlafsaal?** (Vee FEE-leh Per-SOH-nen sind im SHLAHF-zahl?) – How many people are in the dormitory?
- **Gibt es Schließfächer?** (Gibt es SHLEES-fech-er?) – Are there lockers?
- **Wo ist die Gemeinschaftsküche?** (Voh ist dee Geh-MYNE-shafts-KOO-kheh?) – Where is the communal kitchen?
- **Kann ich eine Nacht verlängern?** (Kahn ish I-neh NAKHT fer-LEN-gern?) – Can I extend my stay for one night?

CAMPING (CAMPINGPLÄTZE UND ZELTE)

- **Gibt es hier einen Campingplatz?** (Gibt es heer I-nen KEMP-ing-plats?) – Is there a campsite here?
- **Kann ich hier ein Zelt aufstellen?** (Kahn ish heer ine TSELT OWF-shtel-len?) – Can I pitch a tent here?
- **Gibt es Stromanschlüsse für Wohnmobile?** (Gibt es SHTROM-ahn-shloo-seh fuhr VOHN-mo-bee-leh?) – Are there electrical hookups for RVs?
- **Wo ist die Sanitäranlage?** (Voh ist dee ZAHN-ee-tehr-ahn-lah-geh?) – Where are the bathroom facilities?
- **Gibt es eine Feuerstelle?** (Gibt es I-neh FOY-er-shtel-leh?) – Is there a fire pit?
- **Sind Hunde auf dem Campingplatz erlaubt?** (Zint HOON-deh owf dem KEMP-ing-plats er-LOWBT?) – Are dogs allowed on the campsite?

OTHER TYPES OF ACCOMMODATION

- **Gibt es hier eine Ferienwohnung?** (Gibt es heer I-neh FEHR-ree-en-VOH-noong?) – Is there a holiday apartment here?
- **Wo kann ich eine Pension finden?** (Voh kahn ish I-neh Pen-see-OWN FIN-den?) – Where can I find a guesthouse?
- **Vermieten Sie Privatzimmer?** (Fer-MEE-ten zee PREE-vaht-tsim-mer?) – Do you rent private rooms?
- **Ich suche nach einem Airbnb.** (Ish SOO-kheh nahkh I-nem Air-Bee-en-Bee.) – I'm looking for an Airbnb.
- **Wie viel kostet ein Aufenthalt für eine Woche?** (Vee feel KOSS-tet ine OWF-en-tahlt fuhr I-neh VOH-kheh?) – How much is a stay for one week?

EMERGENCIES AND ACCIDENTS

- **Hilfe!** (HIL-feh!) – Help!
- **Rufen Sie einen Krankenwagen!** (ROO-fen zee I-nen KRANK-en-vah-gen!) – Call an ambulance!
- **Ich brauche einen Arzt.** (Ish BROW-kheh I-nen ARZT.) – I need a doctor.
- **Ich habe mich verletzt.** (Ish HAH-beh mish fer-LETZT.) – I've hurt myself.
- **Wo ist das nächste Krankenhaus?** (Voh ist das NEX-teh KRANK-en-house?) – Where is the nearest hospital?
- **Ich habe Schmerzen.** (Ish HAH-beh SHMERTS-en.) – I'm in pain.
- **Ich bin allergisch gegen...** (Ish bin ah-LEHR-gish GEH-gen...) – I'm allergic to...
- **Ich habe mein Bein gebrochen.** (Ish HAH-beh mine BINE geh-BROCH-en.) – I've broken my leg.
- **Mein Freund ist ohnmächtig geworden.** (Mine FROYND ist OHN-mekht-ig geh-VOR-

den.) – My friend has passed out.

DOCTOR'S VISIT

- **Ich möchte einen Termin vereinbaren.** (Ish MERKH-teh I-nen TER-meen fer-EIN-bah-ren.) – I'd like to make an appointment.
- **Wo ist die nächste Arztpraxis?** (Voh ist dee NEX-teh ARZT-prax-is?) – Where is the nearest doctor's office?
- **Ich habe Fieber.** (Ish HAH-beh FEE-ber.) – I have a fever.
- **Ich fühle mich nicht gut.** (Ish FOO-leh mish nikht goot.) – I don't feel well.
- **Ich habe Kopfschmerzen.** (Ish HAH-beh KOPF-shmerts-en.) – I have a headache.
- **Ich habe Bauchschmerzen.** (Ish HAH-beh BOWKH-shmerts-en.) – I have stomach pain.
- **Ich brauche ein Rezept.** (Ish BROW-kheh ine Reh-TSEPT.) – I need a prescription.
- **Wie lange dauert die Behandlung?** (Vee LUN-geh DOW-ert dee Beh-HAND-loong?) – How long will the treatment take?

PHARMACY (APOTHEKE)

- **Wo ist die nächste Apotheke?** (Voh ist dee NEX-teh AH-po-TAY-keh?) – Where is the nearest pharmacy?
- **Ich brauche Schmerztabletten.** (Ish BROW-kheh SHMERTS-tahb-let-ten.) – I need painkillers.
- **Haben Sie etwas gegen Husten?** (HAH-ben zee ET-vass GEH-gen HOOS-ten?) – Do you have something for a cough?
- **Ich suche eine Salbe für meinen Rücken.** (Ish SOO-kheh I-neh ZAL-beh fuhr MINE-en ROOK-en.) – I'm looking for a cream for my back.
- **Brauche ich ein Rezept dafür?** (BROW-kheh ish ine Reh-TSEPT dah-FUHR?) – Do I need a prescription for this?
- **Haben Sie etwas gegen Allergien?** (HAH-ben zee ET-vass GEH-gen Ah-ler-GEE-en?) – Do you have something for allergies?
- **Wie oft muss ich das nehmen?** (Vee OFT

muss ish das NAY-men?) – How often should I take this?

GYMS AND FITNESS

- **Wo ist das nächste Fitnessstudio?** (Voh ist das NEX-teh FIT-ness-SHTOO-dee-oh?) – Where is the nearest gym?
- **Gibt es Tageskarten?** (Gibt es TAH-ges-kahr-ten?) – Are there day passes?
- **Ich möchte ein Probetraining machen.** (Ish MERKH-teh ine PROH-beh-TRAIN-ing MAKH-en.) – I'd like to try a workout session.
- **Gibt es Kurse wie Yoga oder Pilates?** (Gibt es KOOR-seh vee YO-gah OH-der Pee-LAH-tes?) – Are there classes like yoga or Pilates?
- **Haben Sie einen Personal Trainer?** (HAH-ben zee I-nen PER-sohn-al TRAIN-er?) – Do you have a personal trainer?
- **Wie viel kostet eine Mitgliedschaft?** (Vee feel KOSS-tet I-neh MIT-gleed-shaft?) – How much is a membership?
- **Kann ich die Umkleide benutzen?** (Kahn ish dee OOM-kly-deh beh-NOOT-zen?) – Can I use the changing room?

- **Wo sind die Duschen?** (Voh zint dee DOO-shen?) – Where are the showers?

ADDITIONAL HEALTH-RELATED PHRASES

- **Gibt es in der Nähe einen Zahnarzt?** (Gibt es in der NAY-eh I-nen TSAHN-arzt?) – Is there a dentist nearby?
- **Ich habe Rückenschmerzen.** (Ish HAH-beh ROOK-en-shmerts-en.) – I have back pain.
- **Ist es sicher, hier zu schwimmen?** (Ist es ZI-cher heer tsoo SHVIM-men?) – Is it safe to swim here?
- **Können Sie mir einen Gesundheitscheck empfehlen?** (KURN-en zee meer I-nen Geh-ZOONT-heights-check em-FAY-len?) – Can you recommend a health check-up?

Here are **sports and recreation-related phrases** in German, focusing on activities like soccer, swimming, skiing, and mountaineering. These phrases can help you navigate sports events, ask for equipment, or join in recreational activities during your travels.

GENERAL SPORTS AND RECREATION

- **Wo kann ich hier Sport machen?** (Voh kann ish heer SHPORT MAKH-en?) – Where can I do sports here?
- **Gibt es hier Sportvereine?** (Gibt es heer SHPORT-fer-EYE-neh?) – Are there any sports clubs here?
- **Ich suche einen Sportplatz.** (Ish SOO-kheh I-nen SHPORT-platz.) – I'm looking for a sports field.
- **Welche Sportarten bieten Sie an?** (VEL-kheh SHPORT-art-en BEE-ten zee an?) – What sports do you offer?
- **Gibt es eine Möglichkeit, Ausrüstung zu leihen?** (Gibt es I-neh MUR-glekh-kite OWSS-ruest-oong tsoo LIE-en?) – Is it possible to rent equipment?

SOCCER (FUSSBALL)

- **Wo ist das nächste Fußballstadion?** (Voh ist das NEX-teh FOOS-ball-SHTAH-dee-ohn?) – Where is the nearest soccer stadium?
- **Wann findet das nächste Spiel statt?** (Vann FIN-det das NEX-teh SHPEEL shtat?) – When is the next game?
- **Kann ich Tickets für das Spiel kaufen?** (Kahn ish TIK-ets fuhr das SHPEEL KOW-fen?) – Can I buy tickets for the game?
- **Gibt es eine Fußballmannschaft hier?** (Gibt es I-neh FOOS-ball-MAHN-shaft heer?) – Is there a soccer team here?
- **Kann ich mitspielen?** (Kahn ish MIT-shpeel-en?) – Can I join in?
- **Wo kann ich Fußballschuhe kaufen?** (Voh kahn ish FOOS-ball-shoo-eh KOW-fen?) – Where can I buy soccer cleats?
- **Wie lange dauert das Spiel?** (Vee LUN-geh DOW-ert das SHPEEL?) – How long does the game last?

SWIMMING (SCHWIMMEN)

- **Wo ist das nächste Schwimmbad?** (Voh ist das NEX-teh SHVIM-bahd?) – Where is the nearest swimming pool?
- **Ist das Schwimmen hier erlaubt?** (Ist das SHVIM-men heer er-LOWBT?) – Is swimming allowed here?
- **Wie tief ist das Wasser?** (Vee TEEF ist das VAH-ser?) – How deep is the water?
- **Kann ich Schwimmwesten ausleihen?** (Kahn ish SHVIM-ves-ten OWSS-lie-en?) – Can I rent life jackets?
- **Haben Sie Schwimmkurse?** (HAH-ben zee SHVIM-koor-seh?) – Do you offer swimming lessons?
- **Gibt es einen Rettungsschwimmer?** (Gibt es I-nen REH-toong-shvim-mer?) – Is there a lifeguard?
- **Wo sind die Umkleidekabinen?** (Voh zint dee OOM-kly-deh-kah-BEE-nen?) – Where are the changing rooms?

SKIING (SKIFAHREN)

- **Wo ist das nächste Skigebiet?** (Voh ist das NEX-teh SHEE-geh-beet?) – Where is the nearest ski resort?
- **Kann ich hier Ski ausleihen?** (Kahn ish heer SHEE OWSS-lie-en?) – Can I rent skis here?
- **Gibt es eine Skischule?** (Gibt es I-neh SHEE-shoo-leh?) – Is there a ski school?
- **Wo kann ich einen Skipass kaufen?** (Voh kahn ish I-nen SHEE-pass KOW-fen?) – Where can I buy a ski pass?
- **Sind die Pisten offen?** (Zint dee PISS-ten OHF-en?) – Are the slopes open?
- **Ist das Skifahren für Anfänger geeignet?** (Ist das SHEE-fah-ren fuhr AHN-feng-er geh-AYG-net?) – Is skiing suitable for beginners?
- **Wo ist der Skilift?** (Voh ist der SHEE-lift?) – Where is the ski lift?
- **Wie sind die Schneebedingungen?** (Vee zint dee SHNAY-beh-DING-oong-en?) – How are the snow conditions?

55

MOUNTAINEERING (BERGSTEIGEN)

- **Wo kann ich hier wandern?** (Voh kahn ish heer VAHN-dern?) – Where can I go hiking here?
- **Gibt es markierte Wanderwege?** (Gibt es mar-KEER-teh VAHN-der-veh-geh?) – Are there marked hiking trails?
- **Ist das Bergsteigen sicher?** (Ist das BERG-shtigh-en ZI-cher?) – Is mountaineering safe?
- **Brauche ich spezielles Equipment?** (BROW-kheh ish shpet-zee-EL-les ek-KWIP-ment?) – Do I need special equipment?
- **Wo kann ich Kletterausrüstung leihen?** (Voh kahn ish KLET-ter-OWSS-roost-oong LIE-en?) – Where can I rent climbing gear?
- **Gibt es eine Berghütte?** (Gibt es I-neh BERG-hoo-teh?) – Is there a mountain hut?
- **Wie lange dauert die Wanderung?** (Vee LUN-geh DOW-ert dee VAHN-der-oong?) – How long does the hike take?
- **Gibt es gefährliche Tiere hier?** (Gibt es

geh-FAIR-lich-eh TEE-reh heer?) – Are there dangerous animals here?

WEATHER PHRASES

- **Wie ist das Wetter heute?** – What's the weather like today?
- **Es ist sonnig.** – It's sunny.
- **Es ist bewölkt.** – It's cloudy.
- **Es regnet.** – It's raining.
- **Es schneit.** – It's snowing.
- **Es ist windig.** – It's windy.
- **Es ist heiß.** – It's hot.
- **Es ist kalt.** – It's cold.
- **Es ist kühl.** – It's cool.
- **Gibt es ein Gewitter?** – Is there a storm?
- **Das Wetter ist schön.** – The weather is nice.
- **Das Wetter ist schlecht.** – The weather is bad.
- **Ich brauche einen Regenschirm.** – I need an umbrella.
- **Haben Sie den Wetterbericht gesehen?** – Have you seen the weather forecast?

FAMILY PHRASES

- **Hast du eine Familie?** – Do you have a family?
- **Wer ist das?** – Who is that?
- **Das ist mein Vater.** – That's my father.
- **Das ist meine Mutter.** – That's my mother.
- **Ich habe einen Bruder.** – I have a brother.
- **Ich habe eine Schwester.** – I have a sister.
- **Hast du Geschwister?** – Do you have siblings?
- **Das ist mein Sohn.** – That's my son.
- **Das ist meine Tochter.** – That's my daughter.
- **Wie alt ist dein Kind?** – How old is your child?
- **Sind Sie verheiratet?** – Are you married?
- **Ich bin ledig.** – I'm single.
- **Ich habe einen Partner/eine Partnerin.** – I have a partner.
- **Das ist meine Familie.** – This is my family.

AGE AND RELATED PHRASES

- **Wie alt bist du?** – How old are you? (informal)
- **Wie alt sind Sie?** – How old are you? (formal)
- **Ich bin … Jahre alt.** – I am … years old.
- **Wann hast du Geburtstag?** – When is your birthday? (informal)
- **Wann haben Sie Geburtstag?** – When is your birthday? (formal)
- **Ich habe am … Geburtstag.** – My birthday is on…
- **Bist du jünger oder älter?** – Are you younger or older?
- **Das Kind ist zwei Jahre alt.** – The child is two years old.
- **Ich bin 25.** – I'm 25.
- **Sie sieht jünger aus.** – She looks younger.
- **Er ist schon 80 Jahre alt!** – He's already 80 years old!

FRENCH LANGUAGE

Greetings and Polite Expressions

1. **Bonjour** – Hello / Good morning (*bohn-zhoor*)
2. **Bonsoir** – Good evening (*bohn-swahr*)
3. **Bonne nuit** – Good night (*bohn nwee*)
4. **Salut** – Hi (informal) (*sah-lew*)
5. **Au revoir** – Goodbye (*oh ruh-vwahr*)
6. **S'il vous plaît** – Please (formal) (*seel voo pleh*)
7. **Merci** – Thank you (*mehr-see*)
8. **De rien** – You're welcome (*duh ryeh*)
9. **Excusez-moi** – Excuse me (*ehks-kew-zay mwah*)
10. **Pardon** – Sorry / Excuse me (*pahr-dohn*)

COMMON QUESTIONS

11. **Comment ça va ?** – How are you? (*koh-mahn sah vah?*)
12. **Ça va bien, merci. Et vous ?** – I'm fine, thank you. And you? (*sah vah byehn, mehr-see. Ay voo?*)
13. **Quel est votre nom ?** – What is your name? (*kel eh voh-truh nohn?*)
14. **Je m'appelle...** – My name is... (*zhuh mah-pehl...*)
15. **D'où venez-vous ?** – Where are you from? (*doo veh-neh voo?*)
16. **Où est... ?** – Where is...? (*oo eh... ?*)
17. **Parlez-vous anglais ?** – Do you speak English? (*pahr-lay voo ahn-glay?*)
18. **Je ne parle pas français.** – I don't speak French. (*zhuh nuh parl pah frahn-say.*)

ESSENTIAL SURVIVAL PHRASES

19. **Aidez-moi, s'il vous plaît.** – Help me, please. (*ay-day mwah, seel voo pleh.*)

20. **C'est urgent.** – It's urgent. (*say oohr-zhahn.*)

21. **Je suis perdu(e).** – I'm lost. (*zhuh swee pair-doo.*)

22. **Pouvez-vous m'aider ?** – Can you help me? (*poo-vay voo meh-day?*)

23. **Je cherche...** – I'm looking for... (*zhuh shairsh...*)

24. **Combien ça coûte ?** – How much does it cost? (*kohm-byen sah koot?*)

NUMBERS (1–10)

25. **Un** – One (*uhn*)
26. **Deux** – Two (*duh*)
27. **Trois** – Three (*trwah*)
28. **Quatre** – Four (*katr*)
29. **Cinq** – Five (*sank*)
30. **Six** – Six (*sees*)
31. **Sept** – Seven (*set*)
32. **Huit** – Eight (*weet*)
33. **Neuf** – Nine (*nuhf*)
34. **Dix** – Ten (*dees*)

COLORS

35. **Rouge** – Red (*roozh*)
36. **Bleu** – Blue (*bluh*)
37. **Vert** – Green (*vehr*)
38. **Jaune** – Yellow (*zhon*)
39. **Noir** – Black (*nwar*)
40. **Blanc** – White (*blahn*)
41. **Gris** – Gray (*gree*)
42. **Rose** – Pink (*rohz*)
43. **Orange** – Orange (*oh-rah(n)zh*)
44. **Violet** – Purple (*vee-oh-lay*)

TRANSPORTATION PHRASES

1. **Où est la gare ?** – Where is the train station? (*oo eh lah gahr?*)
2. **Un billet pour Paris, s'il vous plaît.** – A ticket to Paris, please. (*uhn bee-yeh poor pah-ree, seel voo pleh.*)
3. **À quelle heure part le train ?** – What time does the train leave? (*ah kel uhr pahr luh tra(n)?*)
4. **Le bus va-t-il au centre-ville ?** – Does the bus go to the city center? (*luh boos vah-teel oh sah(n)-truh veel?*)
5. **Où puis-je louer une voiture ?** – Where can I rent a car? (*oo pwee-zh lway oon vwah-tewr?*)
6. **Combien coûte un taxi jusqu'à l'aéroport ?** – How much is a taxi to the airport? (*kohm-byen koot uhn tahk-see zhew-skah lay-oh-por?*)
7. **À quelle porte dois-je aller ?** – Which gate should I go to? (*ah kel port dwah zhuh ah-*

lay?)
8. **Y a-t-il un ferry pour cette île ?** – Is there a ferry to that island? (*yah-teel uhn feh-ree poor set eel?*)

ACCOMMODATION PHRASES

9. **Avez-vous une chambre libre ?** – Do you have a room available? (*ah-vay voo oon shah(n)-bruh leeb-ruh?*)

10. **Je voudrais réserver une chambre.** – I'd like to book a room. (*zhuh voo-dray ray-zay-vay oon shah(n)-bruh.*)

11. **C'est combien par nuit ?** – How much is it per night? (*say kohm-byen pahr nwee?*)

12. **Le petit déjeuner est-il inclus ?** – Is breakfast included? (*luh puh-tee day-zhuh-nay eh-teel ahn-klew?*)

13. **Où se trouve l'auberge de jeunesse ?** – Where is the youth hostel? (*oo suh troov loh-behrzh duh zhuh-ness?*)

14. **Puis-je avoir une tente pour camper ?** – Can I have a tent for camping? (*pwee-zh ah-vwahr oon tahnt poor kahn-pay?*)

15. **À quelle heure faut-il partir ?**

– What time do we need to check out?
(*ah kel uhr foh-teel pahr-teer?*)

FOOD AND DINING PHRASES

16. **Je voudrais une table pour deux.** – I'd like a table for two. (*zhuh voo-dray oon tah-bluh poor duh.*)

17. **Le menu, s'il vous plaît.** – The menu, please. (*luh muh-new, seel voo pleh.*)

18. **Quelles sont les spécialités ?** – What are the specialties? (*kel sohn lay speh-syah-lee-tay?*)

19. **Est-ce que vous avez des options végétariennes ?** – Do you have vegetarian options? (*ess-kuh voo ah-vay day zop-syohn vay-zhay-tah-ree-ehn?*)

20. **Puis-je avoir un verre d'eau ?** – Can I have a glass of water? (*pwee-zh ah-vwahr uhn vehr doh?*)

21. **L'addition, s'il vous plaît.** – The bill, please. (*lah-dee-syohn, seel voo pleh.*)

22. **C'est délicieux !** – It's delicious!

(*say day-lee-syuh!*)

23. **Est-ce épicé ?** – Is it spicy? (*ess eh-pee-say?*)

24. **Je suis allergique aux noix.** – I'm allergic to nuts. (*zhuh swee ah-lehr-zheek oh nwah.*)

25. **Où est le supermarché ?** – Where is the supermarket? (*oo eh luh soo-pehr-mahr-shay?*)

SHOPPING PHRASES

1. **Combien ça coûte ?** – How much does this cost? (*kohm-byen sah koot?*)
2. **Je cherche un souvenir.** – I'm looking for a souvenir. (*zhuh sher-sh uh(n) soo-vuh-neer.*)
3. **Avez-vous cette taille en stock ?** – Do you have this size in stock? (*ah-vay voo set tay oh(n) stok?*)
4. **Puis-je essayer ça ?** – Can I try this on? (*pwee-zh ess-ay-yay sah?*)
5. **C'est trop cher.** – It's too expensive. (*say troh sher.*)
6. **Acceptez-vous les cartes de crédit ?** – Do you accept credit cards? (*ahk-sep-tay voo lay kart duh cray-dee?*)
7. **Où est le marché ?** – Where is the market? (*oo eh luh mahr-shay?*)
8. **Avez-vous quelque chose de moins cher ?** – Do you have something cheaper? (*ah-vay voo kel-kuh shoz duh mwan sher?*)

EURO PHRASES FOR TOURISTS

9. **Je voudrais un reçu, s'il vous plaît.** – I'd like a receipt, please. (*zhuh voo-dray uh(n) ruh-syoo, seel voo pleh.*)
10. **C'est une bonne affaire !** – That's a good deal! (*say oon bon ah-fehr!*)

EMERGENCY PHRASES

11. **Au secours !** – Help! (*oh suh-koor!*)
12. **Appelez une ambulance !** – Call an ambulance! (*ahp-lay oon ahm-byoo-lahns!*)
13. **Je suis malade.** – I'm sick. (*zhuh swee mah-lahd.*)
14. **J'ai besoin d'un médecin.** – I need a doctor. (*zhay buh-zwan duh(n) med-sahn.*)
15. **Où est l'hôpital ?** – Where is the hospital? (*oo eh loh-pee-tal?*)
16. **Je me suis fait mal.** – I hurt myself. (*zhuh muh swee feh mahl.*)
17. **J'ai perdu mon passeport.** – I lost my passport. (*zhay pair-dyoo moh(n) pahss-por.*)
18. **Où est le poste de police ?** – Where is the police station? (*oo eh luh pohst duh poh-lees?*)

19.	**Y a-t-il une pharmacie à proximité ?** – Is there a pharmacy nearby? (*yah-teel oon fahr-mah-see ah prohk-see-mee-tay?*)

20.	**Mon portefeuille a été volé.** – My wallet has been stolen. (*moh(n) por-tuh-fuh-yuh ah ay-tay voh-lay.*)

SIGHTSEEING PHRASES

21. **Où se trouve la cathédrale ?** – Where is the cathedral? (*oo suh troov lah kah-tay-drahl?*)
22. **Est-ce loin d'ici ?** – Is it far from here? (*ess lwan dee-see?*)
23. **À quelle heure ouvre le musée ?** – What time does the museum open? (*ah kel uhr oovruh luh myoo-zay?*)
24. **Puis-je avoir un guide en anglais ?** – Can I have an English guide? (*pwee-zh ah-vwahr uh(n) geed ahn ahn-glay?*)
25. **Quel est le prix d'entrée ?** – What is the entrance fee? (*kel eh luh pree dahn-tray?*)
26. **Peut-on prendre des photos ici ?** – Can we take pictures here? (*puh-tohn prahn-druh day foh-toh ee-see?*)
27. **Où est le point de vue panoramique ?** – Where is the scenic

viewpoint? (*oo eh luh pwahn duh vew pah-no-rah-meek?*)

28. **Y a-t-il une visite guidée ?** – Is there a guided tour? (*yah-teel oon vee-zeet gee-day?*)

29. **Le château est magnifique !** – The castle is magnificent! (*luh shah-toh eh mag-neef-eek!*)

30. **Quels sont les sites touristiques populaires ici ?** – What are the popular tourist sites here? (*kel sohn lay seet too-ree-steek poh-pyoo-lehr ee-see?*)

WEATHER PHRASES

1. **Quel temps fait-il ?** – What's the weather like? (*kel tahm feh-teel?*)
2. **Il fait beau aujourd'hui.** – It's nice today. (*eel feh boh oh-zhoor-dwee.*)
3. **Il pleut.** – It's raining. (*eel pluh.*)
4. **Il fait froid.** – It's cold. (*eel feh fwah.*)
5. **Il fait chaud.** – It's hot. (*eel feh shoh.*)
6. **Il y a du soleil.** – It's sunny. (*eel yah dyoo soh-lay.*)
7. **Il y a du vent.** – It's windy. (*eel yah dyoo vah(n).*)
8. **Il neige.** – It's snowing. (*eel nehj.*)
9. **Quel est le climat ici ?** – What's the climate like here? (*kel eh luh klee-mah ee-see?*)
10. **La météo prévoit un orage.** – The weather forecast predicts a storm. (*lah may-tay-oh pray-vwah uh(n) oh-rahzh.*)

FAMILY PHRASES

11.   **As-tu des frères et sœurs ?** – Do you have siblings? (*ah-tyoo day frehr ay suhr?*)

12.   **Combien de personnes sont dans ta famille ?** – How many people are in your family? (*kohm-byen duh pehr-sohn sohn dahn tah fah-mee-yuh?*)

13.   **Voici ma mère.** – This is my mother. (*vwah-see mah mehr.*)

14.   **Voici mon père.** – This is my father. (*vwah-see moh(n) pair.*)

15.   **Voici mon frère et ma sœur.** – This is my brother and my sister. (*vwah-see moh(n) frehr ay mah suhr.*)

16.   **As-tu des enfants ?** – Do you have children? (*ah-tyoo day ahn-fahn?*)

17.   **Ma famille est grande.** – My family is big. (*mah fah-mee-yuh eh grahnd.*)

18.   **J'ai deux frères et une sœur.** – I have two brothers and one sister. (*zhay duh frehr ay oon suhr.*)

19.   **Où habite ta famille ?** –

Where does your family live? (*oo ah-beet tah fah-mee-yuh?*)

20. **Je suis marié(e).** – I'm married. (*zhuh swee mah-ryay [mah-ryay-ee for females].*)

PERSONAL INTRODUCTIONS

21. **Comment vous appelez-vous ?** – What's your name? (*koh-moh(n) voo zah-play voo?*)

22. **Je m'appelle [name].** – My name is [name]. (*zhuh mah-pel [name].*)

23. **Enchanté(e).** – Nice to meet you. (*ahn-shahn-tay [feminine adds "e" but pronounced the same].*)

24. **D'où venez-vous ?** – Where are you from? (*doo vuh-nay voo?*)

25. **Je viens des États-Unis.** – I'm from the United States. (*zhuh vyahn dayz ay-tah-zoo-nee.*)

26. **Quel âge avez-vous ?** – How old are you? (*kel ahzh ah-vay voo?*)

27. **J'ai [number] ans.** – I am [number] years old. (*zhay [number] ahn.*)

28. **Que faites-vous dans la vie ?** – What do you do for a living? (*kuh feht voo dahn lah vee?*)

29. **Je suis étudiant(e).** – I'm a student. (*zhuh swee ay-too-dyah(n) [add "t" sound for females].*)

30. **Je suis ici en vacances.** – I'm here on vacation. (*zhuh swee ee-see ahn vah-kahnss.*)

DINING PHRASES

1. **Je voudrais une table pour deux, s'il vous plaît.** – I would like a table for two, please. (*zhuh voo-dreh oon tah-bluh poor duh, seel voo pleh.*)
2. **Avez-vous un menu en anglais ?** – Do you have a menu in English? (*ah-vay voo uh(n) muh-nyoo ahn ahn-glay?*)
3. **Qu'est-ce que vous recommandez ?** – What do you recommend? (*kes-kuh voo ruh-koh-mahn-day?*)
4. **Je suis végétarien(ne).** – I'm vegetarian. (*zhuh swee vay-zhay-tah-ryeh[n].*)
5. **Pouvez-vous me donner de l'eau, s'il vous plaît ?** – Could you give me some water, please? (*poo-vay voo muh doh-nay duh loh, seel voo pleh?*)
6. **L'addition, s'il vous plaît.** – The bill, please. (*lah-dee-syon, seel voo pleh.*)
7. **C'est délicieux !** – It's delicious! (*seh day-lee-syuh!*)
8. **Y a-t-il des options sans gluten ?** – Are there gluten-free options? (*yah-teel dayz oh-psyoh(n) sahn glue-tehn?*)

9. **Puis-je voir la carte des vins ?** – Can I see the wine list? (*pwee zhuh vwar lah kart day va[n]?*)

10. **Ce plat est-il épicé ?** – Is this dish spicy? (*suh plah eh-teel eh-pee-say?*)

TRAVEL PHRASES

11. **Où se trouve la gare ?** – Where is the train station? (*oo suh troov lah gahr?*)

12. **Je voudrais un billet pour Paris, s'il vous plaît.** – I'd like a ticket to Paris, please. (*zhuh voo-dreh uh(n) bee-yay poor pah-ree, seel voo pleh.*)

13. **À quelle heure part le train ?** – At what time does the train leave? (*ah kel uhr pahr luh tra[n]?*)

14. **Où est l'aéroport ?** – Where is the airport? (*oo eh lay-roh-por?*)

15. **Combien coûte un billet d'avion ?** – How much is a plane ticket? (*kohm-byen koot uh(n) bee-yay dah-vyon?*)

16. **Pouvez-vous appeler un taxi pour moi ?** – Can you call a taxi for me? (*poo-vay voo ah-peh-lay uh(n) tahk-see poor mwah?*)

17. **Y a-t-il des bus pour aller au centre-ville ?** – Are there buses to go to the city center? (*yah-teel day b-yoos poor*

ah-lay oh sah(n)-truh veel?)

18. **Je cherche une station de métro.** – I'm looking for a metro station. (*zhuh shehrsh oon stah-syon duh meh-troh.*)

19. **Où puis-je louer une voiture ?** – Where can I rent a car? (*oo pwee zhuh loo-ay oon vwah-tyoor?*)

20. **Ce train s'arrête-t-il à Lyon ?** – Does this train stop in Lyon? (*suh tra[n] sah-reht-teel ah lee-yon?*)

ASKING FOR DIRECTIONS

21. **Excusez-moi, pouvez-vous m'aider ?** – Excuse me, can you help me? (*eks-kew-zay mwah, poo-vay voo meh-day?*)

22. **Où se trouve le musée ?** – Where is the museum? (*oo suh troov luh myoo-zay?*)

23. **Est-ce loin d'ici ?** – Is it far from here? (*ehs luh-wah(n) dee-see?*)

24. **Pouvez-vous m'indiquer le chemin ?** – Can you show me the way? (*poo-vay voo ma(n)-dee-kay luh shuh-mah(n)?*)

25. **C'est à gauche ou à droite ?** – Is it to the left or the right? (*seh tah gohsh oo ah drwaht?*)

26. **Je suis perdu(e).** – I'm lost. (*zhuh swee pair-dyoo [add "e" for females].*)

27. **Est-ce que c'est près d'ici ?** – Is

it near here? (*es-kuh seh pray dee-see?*)

28. **Combien de temps cela prend-il pour y aller ?** – How long does it take to get there? (*kohm-byen duh tahn suh-lah pra(n) teel poor ee ah-lay?*)

29. **Est-ce bien indiqué ?** – Is it well signposted? (*ehs byehn ahn-dee-kay?*)

30. **Merci beaucoup pour votre aide.** – Thank you very much for your help. (*mehr-see boh-koo poor voh-truh ed.*)

SHOPPING PHRASES

1. **Combien ça coûte ?** – How much does it cost? (*kohm-byen sah koot?*)
2. **Est-ce que je peux essayer ?** – Can I try it on? (*es-kuh zhuh puh ay-say-yay?*)
3. **Avez-vous cela dans une autre couleur ?** – Do you have this in another color? (*ah-vay voo suh-lah dah(n)z oon oh-truh koo-luhr?*)
4. **C'est trop cher pour moi.** – It's too expensive for me. (*seh troh shehr poor mwah.*)
5. **Je cherche un cadeau.** – I'm looking for a gift. (*zhuh shehrsh uh(n) kah-doh.*)
6. **Où se trouvent les cabines d'essayage ?** – Where are the fitting rooms? (*oo suh troov lay kah-been day-say-yahzh?*)
7. **Acceptez-vous les cartes bancaires ?** – Do you accept credit cards? (*ahk-sep-tay voo lay kart bah(n)-kehr?*)
8. **Avez-vous des souvenirs ?** – Do you have

souvenirs? (*ah-vay voo day soo-veh-neer?*)
9. **Pouvez-vous faire un emballage cadeau ?**
– Can you gift-wrap it? (*poo-vay voo fehr uh(n) ahm-bah-lahzh kah-doh?*)

10. **C'est en solde ?** – Is it on sale? (*seh tahn sold?*)

EMERGENCY PHRASES

11. **Appelez une ambulance, s'il vous plaît !** – Call an ambulance, please! (*ah-peh-lay oon ahm-byoo-lahns, seel voo pleh!*)
12. **Je suis malade.** – I'm sick. (*zhuh swee mah-lahd.*)
13. **J'ai besoin d'un médecin.** – I need a doctor. (*zhay buh-zwa(n) duh(n) mayd-sahn.*)
14. **Où est l'hôpital le plus proche ?** – Where is the nearest hospital? (*oo eh loh-pee-tahl luh ploo prohsh?*)
15. **J'ai perdu mon passeport.** – I've lost my passport. (*zhay pair-dyoo moh(n) pahs-pohr.*)
16. **On m'a volé mon sac.** – My bag was stolen. (*oh(n) mah voh-lay moh(n) sahk.*)
17. **Pouvez-vous appeler la**

police ? – Can you call the police? (*poo-vay voo ah-peh-lay lah poh-lees?*)

18. **Je ne me sens pas bien.** – I don't feel well. (*zhuh nuh muh sahn pah byehn.*)

19. **Avez-vous un numéro d'urgence ?** – Do you have an emergency number? (*ah-vay voo uh(n) noo-may-roh dyur-zhahns?*)

20. **Je suis perdu(e), pouvez-vous m'aider ?** – I'm lost, can you help me? (*zhuh swee pair-dyoo, poo-vay voo meh-day?*)

LEISURE AND ACTIVITIES PHRASES

21. **Pouvez-vous recommander un bon restaurant ?** – Can you recommend a good restaurant? (*poo-vay voo ruh-koh-mahn-day uh(n) bohn reh-stoh-rahn?*)

22. **Où puis-je louer un vélo ?** – Where can I rent a bike? (*oo pwee zhuh loo-ay uh(n) vay-loh?*)

23. **Quels sont les événements locaux ?** – What are the local events? (*kel soh(n) layz ay-vay-nuh-mah(n) loh-koh?*)

24. **Où est le cinéma le plus proche ?** – Where is the nearest cinema? (*oo eh luh see-nay-mah luh ploo prohsh?*)

25. **Y a-t-il un parc ici ?** – Is there a park here? (*yah-teel uh(n) pahrk ee-see?*)

26. **Quels sont les horaires d'ouverture ?** – What are the opening

hours? (*kel soh(n) layz oh-rehr doo-vehr-tyoor?*)

27. **Puis-je réserver une place ?** – Can I reserve a seat? (*pwee zhuh ray-zer-vay oon plahs?*)

28. **Combien coûte l'entrée ?** – How much is the entrance fee? (*kohm-byen koot lah(n)-tray?*)

29. **Pouvez-vous prendre une photo de nous ?** – Can you take a picture of us? (*poo-vay voo prah(n)-dre oon foh-toh duh noo?*)

30. **Où peut-on aller nager ici ?** – Where can we go swimming here? (*oo puh-toh(n) ah-lay nah-zhay ee-see?*)

ACCOMMODATION PHRASES

1. **Avez-vous une chambre disponible ?** – Do you have a room available? (*ah-vay voo oon shah(n)-bruh dee-spoh-nee-bluh?*)
2. **Combien coûte une nuit ?** – How much is a night? (*kohm-byen koot oon nwee?*)
3. **Je voudrais réserver une chambre pour deux nuits.** – I'd like to book a room for two nights. (*zhuh voo-dray ray-zer-vay oon shah(n)-bruh poor duh nwee.*)
4. **Est-ce que le petit-déjeuner est inclus ?** – Is breakfast included? (*es-kuh luh puh-tee day-zhuh-nay eh(n) ah(n)-kloo?*)
5. **À quelle heure est le check-in/check-out ?** – What time is check-in/check-out? (*ah kel uhr eh luh chek-een/chek-out?*)
6. **Où se trouve la réception ?** – Where is the reception desk? (*oo suh troov lah ray-sep-syoh(n)?*)
7. **Pouvez-vous m'aider avec mes bagages ?** – Can you help me with my luggage? (*poo-

vay voo meh-day ah-vek meh bah-gahzh?)
8. **Y a-t-il un endroit pour camper ?** – Is there a place to camp? (*yah-teel uh(n) ah(n)-drwah poor kah(n)-pay?*)
9. **J'aimerais une chambre avec vue sur la mer.** – I'd like a room with a sea view. (*zhem-ray oon shah(n)-bruh ah-vek voo syr lah mehr.*)
10. **L'eau chaude ne fonctionne pas.** – The hot water isn't working. (*loh shohd nuh fohnk-syoh(n) pah.*)

SPORTS AND RECREATION PHRASES

11.   **Où puis-je louer des skis ?** – Where can I rent skis? (*oo pwee zhuh loo-ay day skee?*)

12.   **Quels sont les horaires de la piscine ?** – What are the pool hours? (*kel soh(n) layz oh-rehr duh lah pee-seen?*)

13.   **Y a-t-il un terrain de football ici ?** – Is there a soccer field here? (*yah-teel uh(n) teh-rahn duh foot-bohl ee-see?*)

14.   **Je voudrais m'inscrire pour un cours de yoga.** – I'd like to sign up for a yoga class. (*zhuh voo-dray mah(n)-skreer poor uh(n) koor duh yoh-gah.*)

15.   **Combien coûte la location de vélos ?** – How much does it cost to rent bikes? (*kohm-byen koot lah loh-kah-syoh(n) duh vay-loh?*)

16.   **Est-ce qu'il y a des sentiers**

pour la randonnée ? – Are there hiking trails? (*es-keel yah day sah(n)-tyay poor lah rahn-doh-nay?*)

17. **Je veux jouer au tennis.** – I want to play tennis. (*zhuh vuh zhway oh teh-nees.*)

18. **Est-ce que je peux louer du matériel d'alpinisme ?** – Can I rent mountaineering equipment? (*es-kuh zhuh puh loo-ay dyoo mah-teer-yel dahl-pee-neezm?*)

19. **Où peut-on faire du canoë ?** – Where can we go canoeing? (*oo puh-toh(n) fehr dyoo kah-noh-ay?*)

20. **Je ne sais pas nager.** – I can't swim. (*zhuh nuh seh pah nah-zhay.*)

CULTURAL EXPRESSIONS

21. **Pouvez-vous me recommander un musée ?** – Can you recommend a museum? (*poo-vay voo muh ruh-koh-mahn-day uh(n) myoo-zay?*)
22. **Quels sont les plats typiques ici ?** – What are the local dishes? (*kel soh(n) lay plah tee-peek ee-see?*)
23. **Où puis-je acheter des billets pour le théâtre ?** – Where can I buy tickets for the theater? (*oo pwee zhuh ah-shuh-tay day bee-yay poor luh teh-aht-ruh?*)
24. **Quel est le festival le plus connu ici ?** – What's the most famous festival here? (*kel eh luh fes-tee-vahl luh ploo koh-nyoo ee-see?*)
25. **Est-ce que vous aimez la musique ?** – Do you like music? (*es-kuh voo zay-may lah myoo-zeek?*)

26. **Je voudrais apprendre une danse traditionnelle.** – I'd like to learn a traditional dance. (*zhuh voo-dray ah-pran-druh oon dah(n)ss trah-dee-syoh-nell.*)

27. **Quels sont les sites historiques de la région ?** – What are the historical sites in the area? (*kel soh(n) lay seet ees-toh-reek duh lah ray-zhyoh(n)?*)

28. **Peut-on prendre des photos ici ?** – Can we take pictures here? (*puh-toh(n) prah(n)-dre day foh-toh ee-see?*)

29. **C'est magnifique !** – It's beautiful! (*seh mahg-nee-feek!*)

30. **Est-ce que vous jouez d'un instrument ?** – Do you play an instrument? (*es-kuh voo zhway duh(n) eh(n)-stroo-mahn?*)

WEATHER PHRASES

1. **Quel temps fait-il ?** – What's the weather like? (*kel tah(n) feh-teel?*)
2. **Il fait chaud aujourd'hui.** – It's hot today. (*eel feh shoh oh-zhoor-dwee.*)
3. **Il fait froid ce matin.** – It's cold this morning. (*eel feh fwah suh mah-tah(n).*).
4. **Il pleut beaucoup.** – It's raining a lot. (*eel pluh boh-koo.*)
5. **Le soleil brille.** – The sun is shining. (*luh soh-lehy bree-yeh.*)
6. **Il y a du vent.** – It's windy. (*eel yah dyoo vah(n).*)
7. **La neige tombe.** – The snow is falling. (*lah nehj tohm.*)
8. **Il y a des nuages dans le ciel.** – There are clouds in the sky. (*eel yah day nyoo-ahzh dah(n) luh syehl.*)
9. **Est-ce qu'il va faire beau demain ?** – Will it be nice tomorrow? (*es-keel vah fehr boh duh-mah(n)?*)

10. **Quelle est la température aujourd'hui ?** – What's the temperature today? (*kel eh lah tahm-pay-rah-tur oh-zhoor-dwee?*)

FAMILY PHRASES

11. **Comment s'appelle ta mère ?** – What's your mother's name? (*koh-mah(n) sah-pel tah mehr?*)
12. **As-tu des frères ou des sœurs ?** – Do you have brothers or sisters? (*ah-tyoo day frehr oo day suhr?*)
13. **C'est mon père.** – This is my father. (*seh moh(n) pehr.*)
14. **Voici ma sœur.** – This is my sister. (*vwah-see mah suhr.*)
15. **Combien d'enfants avez-vous ?** – How many children do you have? (*kohm-byen dah(n)-fah(n) ah-vay voo?*)
16. **Je suis l'aîné(e).** – I am the eldest. (*zhuh swee lay-nay.*)
17. **J'ai un frère cadet.** – I have a younger brother. (*zhay uh(n) frehr kah-day.*)
18. **Elle est ma cousine.** – She is my cousin. (*el eh mah koo-zeen.*)
19. **Nous sommes une grande famille.** – We are a big family. (*noo sohm*

oon grahnd fah-mee.)
20. **Est-ce que tu as des grands-parents ?** – Do you have grandparents? (*es-kuh tyoo ah day grahn-pah-rah(n)?*)

QUESTIONS ABOUT AGE

21. **Quel âge as-tu ?** – How old are you? (*kel ahzh ah-tyoo?*)
22. **J'ai vingt ans.** – I'm twenty years old. (*zhay vah(n) tah(n).*)
23. **Quel âge a votre enfant ?** – How old is your child? (*kel ahzh ah vo-truh ahn-fah(n)?*)
24. **Elle a cinq ans.** – She is five years old. (*el ah sah(n) kahn.*)
25. **Tu sembles très jeune.** – You look very young. (*tyoo sah(n)-bluh tray zhuhn.*)

FOOD PHRASES

1. **Je voudrais un menu, s'il vous plaît.** – I would like a menu, please. (*zhuh voo-dray uh(n) muh-nyoo, seel voo pleh.*)
2. **Qu'est-ce que vous recommandez ?** – What do you recommend? (*kes-kuh voo ruh-koh-mahn-day?*)
3. **Avez-vous des options végétariennes ?** – Do you have vegetarian options? (*ah-vay voo dayz op-syoh(n) vay-zhay-tah-ryen?*)
4. **Je suis allergique à...** – I am allergic to... (*zhuh swee ah-lehr-zheek ah...*)
5. **L'addition, s'il vous plaît.** – The bill, please. (*lah-dee-syoh(n), seel voo pleh.*)
6. **Puis-je avoir de l'eau ?** – May I have some water? (*pwee zhah-vwar duh loh?*)
7. **C'était délicieux !** – It was delicious! (*say-teh day-lee-syuh!*)
8. **Est-ce que ce plat est épicé ?** – Is this dish spicy? (*es-kuh suh plah eh teh-pee-say?*)
9. **Je voudrais une table pour deux personnes.** – I would like a table for two people. (*zhuh voo-dray oon tah-bluh poor duh pehr-sohn.*)

10.   **À quelle heure fermez-vous ?** – What time do you close? (*ah kel uhr fehr-may voo?*)

DIRECTIONS PHRASES

11.   **Où est la gare ?** – Where is the train station? (*oo eh lah gahr?*)

12.   **Pouvez-vous m'aider, s'il vous plaît ?** – Can you help me, please? (*poo-vay voo meh-day, seel voo pleh?*)

13.   **Comment aller à… ?** – How do I get to…? (*koh-mah(n) ah-lay ah… ?*)

14.   **Tournez à gauche.** – Turn left. (*toor-nay ah gosh.*)

15.   **Tournez à droite.** – Turn right. (*toor-nay ah drwaht.*)

16.   **Allez tout droit.** – Go straight ahead. (*ah-lay too drwah.*)

17.   **Est-ce loin ?** – Is it far? (*es lwah(n)?*)

18.   **Combien de temps faut-il pour y aller ?** – How long does it take to get there? (*kohm-byah(n) duh tah(n) foh-teel poor ee ah-lay?*)

19.   **Où se trouve l'arrêt de bus ?** –

Where is the bus stop? (*oo suh troov lah-reh duh boos?*)

20. **Je suis perdu(e).** – I am lost. (*zhuh swee pehr-dyoo.*)

21. **Est-ce qu'il y a un taxi disponible ?** – Is there a taxi available? (*es-keel yah uh(n) tak-see dee-spoh-nee-bluh?*)

22. **Pouvez-vous m'indiquer le chemin pour… ?** – Can you show me the way to…? (*poo-vay voo mah(n)-dee-kay luh shuh-mah(n) poor…?*)

23. **Est-ce que c'est près d'ici ?** – Is it near here? (*es-kuh seh preh dee-see?*)

24. **À quelle distance est-ce ?** – How far is it? (*ah kel dee-stah(n)se es?*)

25. **Y a-t-il un parking ?** – Is there a parking lot? (*yah-teel uh(n) par-kee(n)g?*)

ORDERING FOOD

1. **Puis-je voir la carte ?** – May I see the menu? (*pwee zhuh vwar lah kart?*)
2. **Quelles sont les spécialités ?** – What are the specialties? (*kel soh(n) lay spay-syah-lee-tay?*)
3. **Je vais prendre...** – I'll have... (*zhuh veh prah(n)dr...*)
4. **Avez-vous des boissons sans alcool ?** – Do you have non-alcoholic drinks? (*ah-vay voo day bwa-ssoh(n) sah(n)z ahl-kohl?*)
5. **Puis-je avoir plus de pain ?** – Can I have more bread? (*pwee zhah-vwar ploo duh pa(n)?*)
6. **C'est à emporter ou sur place ?** – Is it to-go or eat-in? (*seh tah ah(n)-por-tay oo syr plass?*)
7. **Puis-je avoir une carafe d'eau ?** – Can I have a pitcher of water? (*pwee zhah-vwar oon kah-rahf doh?*)
8. **Ce vin est-il sec ou doux ?** – Is this wine dry or sweet? (*suh va(n) eh-teel sek oo doo?*)
9. **Avez-vous une carte des desserts ?** – Do you have a dessert menu? (*ah-vay voo oon*

kart day deh-sehr?)
10. **Est-ce que je peux goûter ?** – Can I taste it? (*es-kuh zhuh puh goo-tay?*)

SHOPPING PHRASES

11. **Combien ça coûte ?** – How much does it cost? (*kohm-byah(n) sah koot?*)

12. **Est-ce que je peux payer par carte ?** – Can I pay by card? (*es-kuh zhuh puh pay-yay par kart?*)

13. **Acceptez-vous les euros ?** – Do you accept euros? (*ahk-sep-tay voo lay uh-roh?*)

14. **Je cherche...** – I'm looking for... (*zhuh shehrsh...*)

15. **Avez-vous ceci en d'autres tailles ?** – Do you have this in other sizes? (*ah-vay voo suh-see ah(n) doh-truh tah-yuh?*)

16. **Où se trouvent les cabines d'essayage ?** – Where are the fitting rooms? (*oo suh troov lay kah-been day-say-ahzh?*)

17. **Est-ce que c'est en solde ?** – Is

it on sale? (*es-kuh seh oh(n) sohld?*)

18. **Puis-je avoir un reçu, s'il vous plaît ?** – Can I have a receipt, please? (*pwee zhah-vwar uh(n) ruh-syoo, seel voo pleh?*)

19. **Je voudrais échanger ceci.** – I would like to exchange this. (*zhuh voo-dray ay-shah(n)-zhay suh-see.*)

20. **C'est trop cher pour moi.** – It's too expensive for me. (*seh troh shehr poor mwah.*)

EMERGENCY PHRASES

21. **Appelez une ambulance, s'il vous plaît !** – Call an ambulance, please! (*ah-peh-lay oon ahm-byoo-lah(n)s, seel voo pleh!*)

22. **Y a-t-il un hôpital près d'ici ?** – Is there a hospital near here? (*yah-teel uh(n) oh-pee-tal preh dee-see?*)

23. **Je me sens malade.** – I feel sick. (*zhuh muh sah(n) mah-lahd.*)

24. **J'ai besoin d'un médecin.** – I need a doctor. (*zhay buh-zwah(n) duh(n) may-tsa(n).*)

25. **C'est une urgence.** – It's an emergency. (*seh oon oor-zho(n)se.*)

26. **J'ai perdu mon passeport.** – I lost my passport. (*zhay pehr-dyoo moh(n) pahs-pohr.*)

27. **Où est le poste de police ?** – Where is the police station? (*oo eh luh pohst duh poh-lees?*)

28. **Quelqu'un a volé mon sac !** – Someone stole my bag! (*kel-kuh(n) ah voh-lay moh(n) sahk!*)

29. **Je suis blessé(e).** – I'm injured. (*zhuh swee bleh-say.*)

30. **Avez-vous un numéro d'urgence ?** – Do you have an emergency number? (*ah-vay voo uh(n) noo-may-roh dyoor-zho(n)?*)

SPORTS AND RECREATION PHRASES

1. **Où puis-je louer un équipement de ski ?** – Where can I rent ski equipment? (*oo pwee zhuh loo-ay uh(n) ay-keep-ma(n) duh skee?*)
2. **Y a-t-il des terrains de football ici ?** – Are there soccer fields here? (*yah-teel day tehr-rah(n) duh foo(t)-bawl ee-see?*)
3. **Je veux aller nager.** – I want to go swimming. (*zhuh vuh ah-lay nah-zhay.*)
4. **Est-ce que je peux prendre des leçons de ski ?** – Can I take ski lessons? (*es-kuh zhuh puh prah(n)dr day luh-soh(n) duh skee?*)
5. **Où est la piscine la plus proche ?** – Where is the nearest swimming pool? (*oo eh lah pee-seen lah ploo prohsh?*)
6. **Avez-vous des cartes de randonnée ?** – Do you have hiking maps? (*ah-vay voo day kart duh rah(n)-doh-nay?*)

7. **Je veux louer un vélo.** – I want to rent a bicycle. (*zhuh vuh loo-ay uh(n) vay-loh.*)
8. **C'est dangereux ici ?** – Is it dangerous here? (*seh dahn-jeu-reuh ee-see?*)
9. **Y a-t-il un club de sport près d'ici ?** – Is there a sports club nearby? (*yah-teel uh(n) kluhb duh spor preh dee-see?*)

10. **Est-ce que vous avez des raquettes de tennis ?** – Do you have tennis rackets? (*es-kuh voo ah-vay day rah-ket duh tay-nees?*)

LOCAL TRANSPORT PHRASES

1. **Où est la gare ?** – Where is the train station? (*oo eh lah gahr?*)
2. **Je voudrais acheter un billet pour...** – I'd like to buy a ticket to... (*zhuh voo-dray ah-shay-tay uh(n) bee-yay poor...*)
3. **Combien coûte un billet pour Berlin ?** – How much is a ticket to Berlin? (*kohm-byah(n) koot uh(n) bee-yay poor Ber-leen?*)
4. **Où se trouve l'arrêt de bus le plus proche ?** – Where is the nearest bus stop? (*oo suh troov lah-reh duh boos luh ploo prohsh?*)
5. **Est-ce que ce train va à Paris ?** – Does this train go to Paris? (*es-kuh suh trehn vah ah Pah-ree?*)
6. **À quelle heure part le prochain train ?** – What time does the next train leave? (*ah kel uhr par luh proh-shen trehn?*)

7. **Y a-t-il un bus qui va à l'aéroport ?** – Is there a bus to the airport? (*yah-teel uh(n) boos kee vah ah lay-eh-roh-port?*)
8. **Puis-je avoir un plan de métro ?** – Can I have a subway map? (*pwee zhah-vwar uh(n) plah(n) duh may-troh?*)
9. **Je cherche un taxi.** – I'm looking for a taxi. (*zhuh shehrsh uh(n) tahk-see.*)
10. **Combien de temps dure le trajet jusqu'à… ?** – How long does the journey to… take? (*kohm-byah(n) duh tah(n) dyoor luh trah-zhay zhoos-kah… ?*)

ACCOMMODATION PHRASES

1. **Avez-vous des chambres disponibles ?** – Do you have any available rooms? (*ah-vay voo day shahm-bruh dee-spoh-nee-bluh?*)
2. **Je voudrais réserver une chambre pour...** – I'd like to book a room for... (*zhuh voo-dray ray-zer-vay oon shahm-bruh poor...*)
3. **Est-ce que le petit déjeuner est inclus ?** – Is breakfast included? (*es-kuh luh puh-tee day-zhuh-ney eh ah(n)k-loo?*)
4. **Y a-t-il une connexion Wi-Fi ici ?** – Is there Wi-Fi here? (*yah-teel oon koh-nek-syon wee-fee ee-see?*)
5. **Je voudrais une chambre avec une vue.** – I'd like a room with a view. (*zhuh voo-dray oon shahm-bruh ah-vek oon voo.*)
6. **Est-ce que vous acceptez les animaux ?** – Do you accept pets? (*es-kuh voo ahk-sep-tay layz ah-nee-moh?*)
7. **Où se trouve la réception ?** – Where is the reception? (*oo suh troov lah ray-sep-syon?*)

8. **Je voudrais une chambre avec deux lits.**
   – I'd like a room with two beds. (*zhuh voo-dray oon shahm-bruh ah-vek duh lee.*)
9. **Est-ce que le linge de lit est fourni ?** – Is bed linen provided? (*es-kuh luh leenz duh lee eh for-nee?*)
10. **À quelle heure est le check-out ?** – What time is check-out? (*ah kel uhr eh luh chek-out?*)

SPANISH

Greetings and Basic Phrases

1. **¡Hola!** – Hello! (*OH-lah!*)
2. **¿Cómo estás?** – How are you? (*COH-moh es-TAHS?*)
3. **Me llamo...** – My name is... (*meh YAH-moh...*)
4. **Mucho gusto.** – Nice to meet you. (*MOO-choh GOOS-toh.*)
5. **¿Habla inglés?** – Do you speak English? (*AH-blah een-GLEHS?*)
6. **Gracias.** – Thank you. (*GRAH-syahs.*)
7. **De nada.** – You're welcome. (*day NAH-dah.*)
8. **Por favor.** – Please. (*por fah-VOR.*)
9. **Disculpe.** – Excuse me. (*dees-KOOL-peh.*)
10. **Lo siento.** – I'm sorry. (*lo SYEN-toh.*)
11. **¿Dónde está el baño?** – Where is the bathroom? (*DOHN-deh es-TAH el BAH-nyo?*)
12. **¿Cuánto cuesta?** – How much does it cost? (*KWAN-toh KWEHS-tah?*)
13. **No entiendo.** – I don't

understand. (*no en-TYEN-do.*)
14. **¿Puede ayudarme?** – Can you help me? (*PWEH-deh ah-yoo-DAR-meh?*)
15. **¿Me puede recomendar un buen restaurante?** – Can you recommend a good restaurant? (*meh PWEH-deh ray-koh-men-DAR oon bwen ray-staw-RAHN-teh?*)

NUMBERS

1. **Uno** – One (*OO-noh*)
2. **Dos** – Two (*dos*)
3. **Tres** – Three (*tres*)
4. **Cuatro** – Four (*KWAT-roh*)
5. **Cinco** – Five (*SEEN-koh*)
6. **Seis** – Six (*says*)
7. **Siete** – Seven (*SYE-teh*)
8. **Ocho** – Eight (*OH-choh*)
9. **Nueve** – Nine (*NWEE-veh*)
10. **Diez** – Ten (*dyehs*)
11. **Veinte** – Twenty (*VANE-teh*)
12. **Treinta** – Thirty (*TRAYN-tah*)
13. **Cuarenta** – Forty (*kwah-REN-tah*)
14. **Cincuenta** – Fifty (*seen-KWEHN-tah*)
15. **Cien** – One hundred (*syen*)

COLORS

1. **Rojo** – Red (*ROH-hoh*)
2. **Azul** – Blue (*ah-SOOL*)
3. **Verde** – Green (*VER-deh*)
4. **Amarillo** – Yellow (*ah-mah-REE-yoh*)
5. **Negro** – Black (*NEH-groh*)
6. **Blanco** – White (*BLAN-koh*)
7. **Gris** – Gray (*grees*)
8. **Naranja** – Orange (*nah-RAN-hah*)
9. **Marrón** – Brown (*mah-ROHN*)
   10. **Rosa** – Pink (*ROH-sah*)
   11. **Violeta** – Purple (*vee-oh-LEH-tah*)
   12. **Turquesa** – Turquoise (*toor-KWEH-sah*)

WEATHER PHRASES

1. **¿Qué tiempo hace hoy?** – What's the weather like today? (*keh TYEM-poh AH-seh oy?*)
2. **Hace calor.** – It's hot. (*AH-seh kah-LOR.*)
3. **Hace frío.** – It's cold. (*AH-seh FREE-oh.*)
4. **Está lloviendo.** – It's raining. (*es-TAH yo-VYEN-do.*)
5. **Está nevando.** – It's snowing. (*es-TAH neh-VAN-do.*)
6. **Está nublado.** – It's cloudy. (*es-TAH noo-BLAH-doh.*)
7. **Hace sol.** – It's sunny. (*AH-seh sol.*)
8. **¿Va a llover mañana?** – Is it going to rain tomorrow? (*vah ah yo-VER mah-NYAH-nah?*)
9. **La temperatura es de... grados.** – The temperature is... degrees. (*lah tem-peh-rah-TOO-rah es deh... GRAH-dos.*)
10. **¿Qué temperatura hace?** – What's the temperature? (*keh tem-peh-*

rah-TOO-rah AH-seh?)

FAMILY PHRASES

1. **¿Tienes familia aquí?** – Do you have family here? (*TYEN-es fah-MEE-lyah ah-KEE?*)
2. **Tengo una hermana.** – I have a sister. (*TEN-goo oo-nah ehr-MAH-nah.*)
3. **Tengo un hermano.** – I have a brother. (*TEN-goo oon ehr-MAH-noh.*)
4. **Mis padres están en casa.** – My parents are at home. (*mees PAH-dres es-TAHN en KAH-sah.*)
5. **¿Dónde viven tus abuelos?** – Where do your grandparents live? (*DOHN-deh VEE-ven toos ah-BWEH-los?*)
6. **Soy casado/a.** – I am married. (*soy kah-SAH-doh/DAH.*)
7. **¿Tienes hijos?** – Do you have children? (*TYEN-es EE-hos?*)
8. **Mi hijo/a tiene cinco años.** – My son/daughter is five years old. (*mee EE-hoh/ah TYE-neh SEEN-koh AH-nyos.*)
9. **¿Tienes una familia grande?** – Do you have a big family? (*TYEN-es oo-nah fah-MEE-lyah GRAN-deh?*)

10.   **Mis abuelos viven en España.**
– My grandparents live in Spain. (*mees ah-BWEH-los VEE-ven en es-PAH-nyah.*)

ACCOMMODATION AND LODGING

1. **¿Dónde está el hotel?** – Where is the hotel? (*DOHN-deh es-TAH el oh-TEL?*)
2. **Quisiera hacer una reserva.** – I would like to make a reservation. (*kee-SYEH-rah ah-SEHR oo-nah reh-SER-vah.*)
3. **¿Cuánto cuesta por noche?** – How much does it cost per night? (*KWAN-toh KWEHS-tah por NOH-cheh?*)
4. **¿Tiene habitaciones disponibles?** – Do you have any available rooms? (*TYEH-neh ah-bee-TAH-syoh-nes dis-poh-NEE-blehs?*)
5. **¿Dónde está la recepción?** – Where is the reception? (*DOHN-deh es-TAH lah reh-sep-SYOHN?*)
6. **Necesito una habitación con baño privado.** – I need a room with a private bathroom. (*neh-seh-SEE-toh oo-nah ah-bee-TAH-syohn con BAH-nyo pree-VAH-doh.*)
7. **¿Puedo pagar con tarjeta de crédito?** –

Can I pay with a credit card? (*PWEH-do ah-pah-GAR con tar-HET-ah deh CREH-dee-toh?*)

8. **¿Hay un desayuno incluido?** – Is breakfast included? (*ay oon deh-sah-YOO-noo een-kloo-EE-doh?*)

9. **¿Hay conexión Wi-Fi?** – Is there Wi-Fi? (*ay co-nehk-SYOHN WEH-ee-FEE?*)

10. **¿A qué hora es el check-out?** – What time is check-out? (*ah keh OH-rah es el chek-AWT?*)

DINING OUT

1. **¿Me puede recomendar un buen restaurante?** – Can you recommend a good restaurant? (*meh PWEH-deh ray-koh-men-DAR oon bwen ray-staw-RAHN-teh?*)
2. **¿Hay un menú en inglés?** – Is there a menu in English? (*ay oon meh-NOO en een-GLEHS?*)
3. **Quisiera una mesa para dos personas.** – I would like a table for two. (*kee-SYEH-rah oo-nah MEH-sah PAH-rah dos per-SOH-nas.*)
4. **¿Qué me recomienda?** – What do you recommend? (*keh meh ray-koh-men-Dah?*)
5. **¿Puedo ver el menú, por favor?** – Can I see the menu, please? (*PWEH-do ver el meh-NOO, por fah-VOR?*)
6. **¿Tienen opciones vegetarianas?** – Do you have vegetarian options? (*TYEH-nen op-SYOH-nes veh-eh-geh-TAR-yah-nas?*)
7. **Quisiera pedir la cuenta.** – I would like to ask for the bill. (*kee-SYEH-rah peh-DEER lah KWEHN-tah.*)

8. **¿Aceptan tarjetas de crédito?** – Do you accept credit cards? (*ah-SEP-tan tar-HET-ahs deh CREH-dee-toh?*)
9. **La comida está deliciosa.** – The food is delicious. (*lah co-MEE-dah es-TAH deh-lee-SYOH-sah.*)
10. **¿Me puede traer un vaso de agua?** – Can you bring me a glass of water? (*meh PWEH-deh tra-ER oon VAH-soh deh AH-gwah?*)

SHOPPING

1. **¿Cuánto cuesta esto?** – How much does this cost? (*KWAN-toh KWEHS-tah ES-toh?*)
2. **¿Dónde está la tienda de ropa?** – Where is the clothing store? (*DOHN-deh es-TAH lah TYEN-dah deh ROH-pah?*)
3. **Estoy buscando un regalo.** – I'm looking for a gift. (*es-TOY boos-KAN-doo oon reh-GAH-loh.*)
4. **¿Puedo pagar con tarjeta?** – Can I pay with a card? (*PWEH-do ah-pah-GAR con tar-HET-ah?*)
5. **¿Tienen más colores?** – Do you have more colors? (*TYEH-nen mahs co-LOH-res?*)
6. **¿Hay descuentos?** – Are there any discounts? (*ay des-KWEHN-tos?*)
7. **¿Puedo probarme esto?** – Can I try this on? (*PWEH-do pro-BAR-meh ES-toh?*)
8. **¿Tienen tallas más grandes?** – Do you have bigger sizes? (*TYEH-nen TAH-yahs mahs GRAN-des?*)
9. **Me gusta este.** – I like this one. (*meh GOOS-tah ES-teh.*)
10. **¿Puede envolverlo**

como regalo? – Can you wrap it as a gift? (*PWEH-deh en-vel-VER-loh COH-moh reh-GAH-loh?*)

EMERGENCY AND HEALTH

1. **¡Ayuda!** – Help! (*ah-YOO-dah!*)
2. **¡Llama a una ambulancia!** – Call an ambulance! (*YAH-mah ah OO-nah am-boo-LAHN-syah!*)
3. **¿Dónde está el hospital más cercano?** – Where is the nearest hospital? (*DOHN-deh es-TAH el ohs-pee-TAL mahs ser-KAH-noh?*)
4. **Necesito un médico.** – I need a doctor. (*neh-seh-SEE-toh oon MEH-dee-koh.*)
5. **¿Tienen una farmacia cerca?** – Is there a pharmacy nearby? (*TYEH-nen oo-nah far-MAH-syah SER-kah?*)
6. **Me siento mal.** – I feel sick. (*meh SYEN-toh mahl.*)
7. **Estoy herido/a.** – I am injured. (*es-TOY eh-REE-doh/ah.*)
8. **¿Tiene usted medicamentos para el dolor?** – Do you have any painkillers? (*TYEH-neh oos-TEHD meh-dee-kah-MEN-*

tos pah-rah el doh-LOR?)
9. **Soy alérgico/a a [medicación/algo].** – I am allergic to [medication/something]. (*soy ah-LER-hee-koh/ah ah [meh-dee-kah-SYOHN/AL-goh].*)
10. **¿Puede ayudarme?** – Can you help me? (*PWEH-deh ah-yoo-DAR-meh?*)

SOCIAL AND CULTURAL INTERACTIONS

1. **¡Hola! ¿Cómo estás?** – Hello! How are you? (*OH-lah! COH-moh es-TAHS?*)
2. **Me llamo [nombre].** – My name is [name]. (*meh YAH-moh [NOHM-breh].*)
3. **¿De dónde eres?** – Where are you from? (*deh DOHN-deh EH-res?*)
4. **¿Hablas inglés?** – Do you speak English? (*AH-blas een-GLEHS?*)
5. **Mucho gusto.** – Nice to meet you. (*MOO-choh GOOS-toh.*)
6. **¿Cómo se dice [palabra] en español?** – How do you say [word] in Spanish? (*COH-moh seh DEE-seh [pah-LAH-brah] en es-pah-NYOL?*)
7. **¿Qué tal?** – How's it going? (*keh TAHL?*)
8. **¿Qué haces?** – What are you doing? (*keh AH-ses?*)
9. **¿Puedo tomar una foto?** – Can I take a

picture? (*PWEH-doh to-MAR OO-nah FOH-toh?*)

10. **Es un placer conocerte.** – It's a pleasure to meet you. (*es oon plah-SEHR coh-noh-SEHR-teh.*)

11. **¿Dónde está la estación de trenes/autobuses?** – Where is the train/bus station? (*DOHN-deh es-TAH lah es-tah-SYOHN deh TREH-nes/au-toh-BOO-sehs?*)

12. **¿Qué me recomienda para visitar?** – What do you recommend to visit? (*keh meh ray-koh-men-DAR-pah-rah vee-see-TAR?*)

13. **¿Hay algún evento cultural hoy?** – Is there any cultural event today? (*ay al-GOON eh-VEN-toh kool-too-RAHL oy?*)

14. **¿Puedo ayudar en algo?** – Can I help with anything? (*PWEH-do ah-yoo-DAR en AL-go?*)

15. **¿Cuál es la tradición de [evento]?** – What is the tradition of [event]? (*kwahl es lah trah-dee-SYOHN deh [eh-VEN-toh]?*)

EXPLORING MUSEUMS AND CULTURAL SITES

1. **¿Dónde está el museo?** – Where is the museum? (*DOHN-deh es-TAH el moo-SEH-oh?*)
2. **¿Cuánto cuesta la entrada?** – How much is the entrance fee? (*KWAN-toh KWES-tah lah en-TRA-dah?*)
3. **¿Hay visitas guiadas?** – Are there guided tours? (*ay vee-SEE-tas gee-AH-das?*)
4. **¿Puedo tomar fotos?** – Can I take photos? (*PWEH-doh to-MAR FOH-tos?*)
5. **¿Cuál es la exposición más popular?** – Which is the most popular exhibit? (*kwahl es lah ex-po-see-SYOHN mahs poh-poo-LAR?*)
6. **¿A qué hora abre/cierra el museo?** – What time does the museum open/close? (*ah keh OH-rah AH-breh/SEE-eh-rrah el moo-SEH-oh?*)

7. **¿Dónde puedo comprar los boletos?** – Where can I buy tickets? (*DOHN-deh PWEH-doh kom-PRAR los boh-LEH-tos?*)
8. **¿Hay una tienda de recuerdos?** – Is there a souvenir shop? (*ay oo-nah tyehn-DAH deh reh-KWEHR-dos?*)
9. **¿Me puede recomendar un sitio histórico?** – Can you recommend a historical site? (*meh PWEH-deh ray-koh-men-DAR oon SEE-tyo ees-TOHR-ee-koh?*)
10. **¿Es un lugar famoso?** – Is it a famous place? (*es oon loo-GAR fah-MOH-soh?*)

NIGHTLIFE AND ENTERTAINMENT

1. **¿Dónde está el club nocturno?** – Where is the nightclub? (*DOHN-deh es-TAH el kloob noh-KTOOR-noh?*)
2. **¿Qué tipo de música tocan?** – What type of music do they play? (*keh TEE-poh deh MOO-see-kah TOH-kahn?*)
3. **¿A qué hora comienza la fiesta?** – What time does the party start? (*ah keh OH-rah koh-MYEN-sah lah FYEH-stah?*)
4. **¿Hay un bar cerca?** – Is there a bar nearby? (*ay oon bar SER-kah?*)
5. **¿Puedo hacer una reserva?** – Can I make a reservation? (*PWEH-doh ah-SER oon-ah reh-SER-vah?*)
6. **¿Cuánto cuesta la entrada al concierto?** – How much is the ticket for the concert? (*KWAN-toh KWES-tah lah en-TRA-dah ahl kon-SYER-toh?*)
7. **¿Hay shows o actuaciones en vivo?** – Are there live shows or performances? (*ay

shohs oh ahk-twah-SYOH-nes en VEE-voh?)

8. **¿Puedo pagar con tarjeta de crédito?** – Can I pay with a credit card? (*PWEH-doh pah-GAR kon tar-HET-ah deh CREH-dee-toh?*)
9. **¿Dónde está la sala de cine?** – Where is the movie theater? (*DOHN-deh es-TAH lah SAH-lah deh SEE-neh?*)
10. **¿Hay algún espectáculo de flamenco?** – Is there a flamenco show? (*ay al-GOON es-peh-KTAH-koh deh flah-MEN-koh?*)
11. **¿Me puede recomendar un buen restaurante?** – Can you recommend a good restaurant? (*meh PWEH-deh ray-koh-men-DAR oon bwen res-tow-RAHN-teh?*)
12. **¿Hay música en vivo esta noche?** – Is there live music tonight? (*ay MOO-see-kah en VEE-voh es-TAH NOH-cheh?*)
13. **¿A qué hora cierra el bar?** – What time does the bar close? (*ah keh OH-rah SEE-eh-rrah el bar?*)
14. **¿Es un lugar tranquilo?** – Is it a quiet place? (*es oon loo-GAR tran-KEE-loh?*)
15. **¿Dónde puedo alquilar un coche?** – Where can I rent a car? (*DOHN-deh PWEH-doh al-kee-LAR oon KOH-cheh?*)

MEETING LOCALS AND SOCIALIZING

1. **Hola, ¿cómo estás?** – Hello, how are you? (*OH-lah, KOH-moh es-TAHS?*)
2. **¿De dónde eres?** – Where are you from? (*deh DOHN-deh EH-rehs?*)
3. **Soy de [país/ciudad].** – I'm from [country/city]. (*soy deh [pah-IS/see-YOO-dahd].*)
4. **¿Qué te gusta hacer en tu tiempo libre?** – What do you like to do in your free time? (*keh teh GOOS-tah ah-SER en too TYEHM-poh LEE-breh?*)
5. **¿Tienes familia aquí?** – Do you have family here? (*TYE-nes fah-MEE-lyah ah-KEE?*)
6. **¿Te gustaría salir a tomar algo?** – Would you like to go out for a drink? (*teh goos-tah-REE-ah sah-LEER ah to-MAR AHl-go?*)
7. **¿Puedes recomendarme algún lugar**

interesante? – Can you recommend any interesting places? (*PWEH-des ray-koh-men-DAR-me al-GOON loo-GAR een-teh-reh-SAN-teh?*)

8. **¿Cómo se llama este lugar?** – What is this place called? (*KOH-moh seh YAH-mah ES-teh loo-GAR?*)

9. **¿Hablas inglés?** – Do you speak English? (*AH-blas een-GLAYS?*)

10. **Fue un placer conocerte.** – It was a pleasure meeting you. (*fweh oon plah-THER koh-noh-SEHR-teh.*)

11. **¿Puedo ayudarte?** – Can I help you? (*PWEH-doh ah-yoo-DAR-teh?*)

12. **¡Qué bonito es este lugar!** – This place is beautiful! (*keh boh-NEE-toh es ES-teh loo-GAR!*)

13. **¿Qué opinas de [tema]?** – What do you think of [topic]? (*keh oh-PEE-nas deh [TEH-mah]?*)

14. **¿Tienes planes para mañana?** – Do you have plans for tomorrow? (*TYE-nes PLAH-nes pah-rah mah-NYAH-nah?*)

15. **¿Qué tipo de música te gusta?** – What type of music do you like? (*keh TEE-poh deh MOO-see-kah teh GOOS-tah?*)

OUTDOOR AND ADVENTURE ACTIVITIES

1. **¿Dónde está el parque?** – Where is the park? (*DOHN-deh es-TAH el PAR-keh?*)
2. **¿Hay senderos para caminar?** – Are there hiking trails? (*ay sen-DEH-ros pah-rah kah-mee-NAR?*)
3. **¿Dónde puedo alquilar una bicicleta?** – Where can I rent a bicycle? (*DOHN-deh PWEH-doh al-kee-LAR oo-nah bee-see-KLEH-tah?*)
4. **¿Qué tan lejos está la playa?** – How far is the beach? (*keh tan LEH-hos es-TAH lah PLAH-yah?*)
5. **¿Es seguro nadar aquí?** – Is it safe to swim here? (*es seh-GOO-roh nah-DAR ah-KEE?*)
6. **¿Hay actividades de aventura cerca?** – Are there adventure activities nearby? (*ay ahk-tee-vee-DAH-des deh ah-ven-TOO-rah SER-kah?*)

7. **¿Puedo reservar una excursión?** – Can I book an excursion? (*PWEH-doh ray-ser-VAR oo-nah ex-kur-SYOHN?*)

8. **¿Dónde se puede hacer surf?** – Where can I go surfing? (*DOHN-deh seh PWEH-deh ah-SER surf?*)

9. **¿Hay lugares para acampar?** – Are there places to camp? (*ay loo-GA-res pah-rah ah-kam-PAR?*)

10. **¿Cuánto cuesta el alquiler de equipo?** – How much is the equipment rental? (*KWAN-toh KWES-tah el ahl-kee-LER deh eh-KEE-po?*)

11. **¿Qué tipo de clima hay en la montaña?** – What type of weather is in the mountains? (*keh TEE-poh deh KLEE-mah ay en lah mon-TAH-nyah?*)

12. **¿Hay algún lugar para pescar?** – Is there a place to fish? (*ay al-GOON loo-GAR pah-rah pes-KAR?*)

13. **¿Cuánto tiempo se tarda en llegar a la cima?** – How long does it take to reach the summit? (*KWAN-toh TYEHM-poh seh TAR-dah en yeh-GAR ah lah SEE-mah?*)

14. **¿Me puedes mostrar el mapa de los senderos?** – Can you show me the trail map? (*meh PWEH-des mos-TRAR el MAH-pah deh los sen-DEH-ros?*)

15. **¿Se puede escalar aquí?** – Can I climb here? (*seh PWEH-deh es-kah-*

LAR ah-KEE?)

EVENTS AND FESTIVALS

1. **¿Cuándo es el próximo evento?** – When is the next event? (*KWAN-do es el PROK-see-moh eh-VEN-toh?*)
2. **¿Dónde se llevará a cabo el festival?** – Where will the festival take place? (*DOHN-deh seh yay-VAHR-ah ah KAH-boh el fes-tee-VAL?*)
3. **¿Hay entradas disponibles para el concierto?** – Are tickets available for the concert? (*ay en-TRAH-das dis-poh-nee-BLEHS pah-rah el kon-SYEHR-tohr?*)
4. **¿Es necesario comprar boletos con anticipación?** – Is it necessary to buy tickets in advance? (*es neh-seh-SAHR-ee-oh kom-PRAR bo-leh-LOS kon an-tee-see-pah-SYOHN?*)
5. **¿Qué tipo de música se tocará en el festival?** – What type of music will be played at the festival? (*keh TEE-poh deh MOO-see-kah seh toh-kah-RAH en el fes-*

tee-VAL?)

6. **¿A qué hora empieza la celebración?** – What time does the celebration start? (*ah keh OH-rah em-PYE-sah lah seh-leh-brah-SYOHN?*)

7. **¿Se necesita llevar algo especial para el evento?** – Do I need to bring anything special for the event? (*seh neh-seh-SEE-tah yeh-VAR AL-go es-peh-SYAL pah-rah el eh-VEN-toh?*)

8. **¿Hay comida y bebida en el festival?** – Is there food and drink at the festival? (*ay koh-MEE-dah ee beh-BEE-dah en el fes-tee-VAL?*)

9. **¿Puedo reservar un lugar para el espectáculo?** – Can I reserve a seat for the show? (*PWEH-doh ray-ser-VAR oon loo-GAR pah-rah el es-pek-TAH-koo-loh?*)

10. **¿Es un evento familiar?** – Is it a family event? (*es oon eh-VEN-toh fah-mee-LYAR?*)

ASKING FOR RECOMMENDATIONS

1. **¿Me puedes recomendar un buen restaurante?** – Can you recommend a good restaurant? (*meh PWEH-des ray-koh-men-DAR oon bwehn res-tau-RAN-teh?*)
2. **¿Qué lugar me recomiendas para visitar?** – What place do you recommend I visit? (*keh loo-GAR meh ray-koh-MYEN-das pah-rah vee-see-TAR?*)
3. **¿Hay algún lugar interesante para ir de compras?** – Is there an interesting place to go shopping? (*ay al-GOON loo-GAR een-teh-reh-SAN-teh pah-rah eer deh KOM-pras?*)
4. **¿Cuál es la mejor manera de llegar a [lugar]?** – What's the best way to get to [place]? (*KWAL es lah meh-HOR mah-NEH-rah deh yeh-GAR ah [loo-GAR]?*)
5. **¿Dónde puedo encontrar buena comida**

local? – Where can I find good local food? (*DOHN-deh PWEH-doh en-kon-TRAR bWEH-nah koh-MEE-dah lo-KAL?*)

6. **¿Cuál es tu lugar favorito en la ciudad?** – What is your favorite place in the city? (*KWAL es too loo-GAR fah-vo-REE-toh en lah see-YOO-dad?*)

7. **¿Hay alguna actividad especial para turistas?** – Is there a special activity for tourists? (*ay al-GOO-nah ahk-tee-vee-DAHD es-peh-SYAL pah-rah too-REE-stas?*)

8. **¿Recomiendas algún sitio histórico?** – Do you recommend any historical site? (*ray-koh-MYEN-das al-GOON SEE-tee-oh ees-TOHR-eh-koh?*)

9. **¿Dónde puedo alquilar un coche?** – Where can I rent a car? (*DOHN-deh PWEH-doh al-kee-LAR oon KOH-cheh?*)

10. **¿Hay algún evento especial este fin de semana?** – Is there a special event this weekend? (*ay al-GOON eh-VEN-toh es-peh-SYAL ES-teh feen deh seh-MAH-nah?*)

UNEXPECTED SITUATIONS

1. **¡Ayuda!** – Help! (*ah-YOO-dah!*)
2. **¡Llame a una ambulancia, por favor!** – Call an ambulance, please! (*YAH-meh ah OO-nah am-boo-LAHN-syah, por fah-VOR!*)
3. **¿Dónde está la estación de policía?** – Where is the police station? (*DOHN-deh es-TAH lah es-tah-SYOHN deh poh-lee-SEE-ah?*)
4. **Me he perdido.** – I'm lost. (*meh eh pehr-DEE-doh.*)
5. **¿Puede ayudarme?** – Can you help me? (*PWEH-deh ah-yoo-DAR-meh?*)
6. **No hablo mucho español.** – I don't speak much Spanish. (*no AH-bloh MOO-choh es-pahn-YOL.*)
7. **¿Puedo usar tu teléfono?** – Can I use your phone? (*PWEH-doh oo-SAR too teh-LEH-foh-noh?*)
8. **¿Hay algún hospital cerca?** – Is there a

hospital nearby? (*ay al-GOON os-pee-TAL SER-kah?*)
9. **He perdido mi pasaporte.** – I've lost my passport. (*eh pehr-DEE-doh mee pah-sah-POR-teh.*)
10. **¿Me puedes dar la dirección de un hotel?** – Can you give me the address of a hotel? (*meh PWEH-des dar lah dee-rehk-SYOHN deh oon oh-TEL?*)
11. **¡No entiendo!** – I don't understand! (*no en-TYEHN-do!*)
12. **¿Puede repetirlo, por favor?** – Can you repeat that, please? (*PWEH-deh ray-peh-TEER-loh, por fah-VOR?*)
13. **¿Dónde se encuentra la farmacia más cercana?** – Where is the nearest pharmacy? (*DOHN-deh seh en-KWEHN-trah lah far-MAH-syah mahs ser-KAH-nah?*)
14. **¡Necesito ayuda con una emergencia!** – I need help with an emergency! (*neh-seh-SEE-toh ah-YOO-dah kon oo-nah eh-mehr-HEN-syah!*)
15. **¿Es posible pagar con tarjeta de crédito?** – Is it possible to pay with a credit card? (*es poh-SEE-bleh pah-GAR kon tar-HEH-tah deh KREH-dee-toh?*)

TRAINS

1. **¿Dónde está la estación de tren?** – Where is the train station? (*DOHN-deh es-TAH lah es-tah-SYOHN deh tren?*)
2. **¿A qué hora sale el próximo tren?** – What time does the next train leave? (*ah keh OH-rah SAH-leh el PROK-see-moh tren?*)
3. **¿Cuánto cuesta un billete de ida y vuelta?** – How much is a round-trip ticket? (*KWAN-toh KWEHS-tah oon bee-YE-teh deh EE-dah ee VWEHL-tah?*)
4. **¿Hay asientos disponibles?** – Are there available seats? (*ay ah-SYEN-tos dis-poh-nee-BLEHS?*)
5. **¿Este tren va a [destino]?** – Does this train go to [destination]? (*ES-teh tren vah ah [des-TEE-noh]?*)
6. **¿Cuánto tiempo dura el viaje?** – How long is the journey? (*KWAN-toh TYEHM-po DOO-rah el vee-AH-he?*)
7. **¿Puedo reservar un asiento?** – Can I reserve a seat? (*PWEH-doh ray-ser-VAR oon ah-SYEN-toh?*)
8. **¿Dónde puedo comprar los billetes?** –

Where can I buy the tickets? (*DOHN-deh PWEH-doh kom-PRAR los bee-YE-tes?*)

9. **¿El tren es directo o hace paradas?** – Is the train direct or does it make stops? (*el tren es dee-REK-toh oh AH-seh pah-RAH-das?*)

10. **¿Hay un tren nocturno a [destino]?** – Is there a night train to [destination]? (*ay oon tren nok-TOHR-noh ah [des-TEE-noh]?*)

BOATS

1. **¿Dónde está el puerto?** – Where is the port? (*DOHN-deh es-TAH el PWEHR-toh?*)
2. **¿Hay un ferry a [destino]?** – Is there a ferry to [destination]? (*ay oon FEH-ree ah [des-TEE-noh]?*)
3. **¿Cuánto cuesta un billete para el barco?** – How much is a ticket for the boat? (*KWAN-toh KWEHS-tah oon bee-YE-teh pah-rah el BAR-koh?*)
4. **¿A qué hora sale el próximo barco?** – What time does the next boat leave? (*ah keh OH-rah SAH-leh el PROK-see-moh BAR-koh?*)
5. **¿Hay camarotes disponibles?** – Are there cabins available? (*ay kah-mah-ROH-tehs dis-poh-nee-BLEHS?*)
6. **¿Dónde puedo comprar el billete de barco?** – Where can I buy the boat ticket? (*DOHN-deh PWEH-doh kom-PRAR el bee-YE-teh deh BAR-koh?*)
7. **¿Cuánto tiempo dura el viaje en barco?** – How long is the boat trip? (*KWAN-toh TYEHM-po DOO-rah el vee-AH-he en BAR-*

koh?)

8. **¿Se puede reservar un asiento en el barco?** – Can you reserve a seat on the boat? (*seh PWEH-deh ray-ser-VAR oon ah-SYEN-toh en el BAR-koh?*)
9. **¿Este barco va a [destino]?** – Does this boat go to [destination]? (*ES-teh BAR-koh vah ah [des-TEE-noh]?*)
10. **¿El barco tiene restaurante?** – Does the boat have a restaurant? (*el BAR-koh TYEH-neh res-tau-RAN-teh?*)

PLANES

1. **¿Dónde está el aeropuerto?** – Where is the airport? (*DOHN-deh es-TAH el ah-ehr-PWEHR-toh?*)
2. **¿Cuál es la puerta de embarque?** – What is the boarding gate? (*KWAL es lah PWEHR-tah deh em-BAR-keh?*)
3. **¿A qué hora sale el vuelo?** – What time does the flight leave? (*ah keh OH-rah SAH-leh el VWEH-loh?*)
4. **¿Dónde está el mostrador de facturación?** – Where is the check-in counter? (*DOHN-deh es-TAH el mos-trah-DOHR deh fahk-too-rah-SYOHN?*)
5. **¿Puedo llevar mi equipaje de mano?** – Can I bring my carry-on luggage? (*PWEH-doh yeh-VAR mee eh-kee-PAH-heh deh MAH-noh?*)
6. **¿Cuánto cuesta el pasaje?** – How much is the ticket? (*KWAN-toh KWEHS-tah el pah-SAH-he?*)
7. **¿El vuelo es directo o con escalas?** – Is the flight direct or with layovers? (*el VWEH-loh es dee-REK-toh oh kon es-KAH-las?*)

8. **¿Dónde puedo recoger mi equipaje?** – Where can I pick up my luggage? (*DOHN-deh PWEH-doh ray-koh-HEHR mee eh-kee-PAH-heh?*)
9. **¿Hay comida y bebida en el avión?** – Is there food and drink on the plane? (*ay koh-MEE-dah ee beh-BEE-dah en el ah-VYON?*)
10. **¿El vuelo tiene retraso?** – Is the flight delayed? (*el VWEH-loh TYEH-neh reh-TRA-soh?*)

CARS (AUTOS Y TAXIS)

1. **¿Dónde se encuentra la estación de taxis?** – Where is the taxi stand? (*DOHN-deh seh en-KWEHN-trah lah es-tah-SYOHN deh TAH-kees?*)
2. **¿Cuánto cuesta un viaje en taxi al [destino]?** – How much is a taxi ride to [destination]? (*KWAN-toh KWEHS-tah oon VEE-ah-heh en TAH-kee al [des-TEE-noh]?*)
3. **¿Puedo alquilar un coche aquí?** – Can I rent a car here? (*PWEH-doh al-kee-LAR oon KOH-cheh ah-KEE?*)
4. **¿Dónde está la oficina de alquiler de coches?** – Where is the car rental office? (*DOHN-deh es-TAH lah oh-fee-SEE-nah deh al-kee-LAR deh KOH-ches?*)
5. **¿Hay estacionamiento cerca?** – Is there parking nearby? (*ay es-tah-see-oh-nar-MYEN-toh SER-kah?*)
6. **¿Puedo usar mi licencia de conducir**

internacional? – Can I use my international driver's license? (*PWEH-doh oo-SAR mee lee-SEN-syah deh kon-doo-SEER een-ter-nah-syo-NAHL?*)

7. **¿Cuánto cuesta alquilar un coche por día?** – How much does it cost to rent a car per day? (*KWAN-toh KWEHS-tah al-kee-LAR oon KOH-cheh por DEE-ah?*)

8. **¿Tienen coches automáticos o manuales?** – Do you have automatic or manual cars? (*TYEH-nen KOH-ches ow-toh-mah-TEE-kos oh ma-nwah-LES?*)

9. **¿Puede llevarme a [dirección]?** – Can you take me to [address]? (*PWEH-deh yeh-VAR-meh ah [dee-rehk-SYOHN]?*)

10. **¿Hay un servicio de taxi disponible las 24 horas?** – Is there a taxi service available 24/7? (*ay oon ser-VEE-sioh deh TAH-kee dis-poh-nee-BLEH las bwen-teh-KWA-troh OH-ras?*)

GENERAL ACCOMMODATION PHRASES

1. **¿Dónde está la recepción?** – Where is the reception? (*DOHN-deh es-TAH lah reh-sehp-SYOHN?*)
2. **¿Tiene habitaciones disponibles?** – Do you have any rooms available? (*TYEH-neh ah-bee-tah-SYOH-nes dis-poh-nee-BLEHS?*)
3. **¿Cuánto cuesta la noche?** – How much does the night cost? (*KWAN-toh KWEHS-tah lah NOH-cheh?*)
4. **¿Hay Wi-Fi disponible?** – Is there Wi-Fi available? (*ay WEE-fee dis-poh-nee-BLEH?*)
5. **¿Puedo hacer una reserva?** – Can I make a reservation? (*PWEH-doh ah-THER ooh-nah reh-SEHR-vah?*)
6. **¿La tarifa incluye el desayuno?** – Does the rate include breakfast? (*lah tah-REE-fah een-KLOO-yeh el deh-sah-YOO-noh?*)
7. **¿A qué hora es el check-in?** – What time

is check-in? (*ah keh OH-rah es el chehk-IN?*)
8. **¿A qué hora es el check-out?** – What time is check-out? (*ah keh OH-rah es el chehk-AWT?*)
9. **¿Dónde puedo aparcar el coche?** – Where can I park the car? (*DOHN-deh PWEH-doh ah-par-KAR el KOH-cheh?*)
10. **¿Puedo tener una habitación con vista al mar?** – Can I have a room with a sea view? (*PWEH-doh te-NEHR oonah ah-bee-tah-SYOHN kohn VEES-tah al MAR?*)

HOTELS (HOTELES)

1. **¿Tiene habitaciones con baño privado?** – Do you have rooms with a private bathroom? (*TYEH-neh ah-bee-tah-SYOH-nes kohn BAH-nyo pree-VAH-doh?*)
2. **¿El hotel tiene piscina?** – Does the hotel have a pool? (*el o-tehl TYEH-neh pee-SEE-nah?*)
3. **¿Hay un gimnasio en el hotel?** – Is there a gym in the hotel? (*ay oon heem-NAH-syoh en el o-TEHL?*)
4. **¿Puedo pagar con tarjeta de crédito?** – Can I pay with a credit card? (*PWEH-doh pah-GAR kon tar-HEH-tah deh KREH-dee-toh?*)
5. **¿El hotel ofrece servicio de transporte al aeropuerto?** – Does the hotel offer airport shuttle service? (*el o-TEHL oh-FREH-seh ser-VEE-sioh deh trans-POR-teh ahl ah-ehr-PWEHR-toh?*)
6. **¿Hay habitaciones para no fumadores?** –

Are there rooms for non-smokers? (*ay ah-bee-tah-SYOH-nes pah-rah noh foo-mah-DOH-res?*)

7. **¿Puedo pedir una cama adicional?** – Can I request an extra bed? (*PWEH-doh peh-DEER oonah KAH-mah ah-dee-syo-NAHL?*)

8. **¿Cuál es la política de cancelación?** – What is the cancellation policy? (*KWAL es lah poh-LEE-see-kah deh kahn-seh-lah-SYOHN?*)

9. **¿El desayuno está incluido en la tarifa?** – Is breakfast included in the rate? (*el deh-sah-YOO-noh es-TAH een-KLOO-ee-doh en lah tah-REE-fah?*)

10. **¿Dónde se encuentra la estación de tren más cercana?** – Where is the nearest train station? (*DOHN-deh seh en-KWEHN-trah lah es-tah-SYOHN deh tren mahs ser-KAH-nah?*)

HOSTELS AND BACKPACKER LODGES

1. **¿Tienen dormitorios compartidos?** – Do you have shared dormitories? (*TYEH-nen dor-mee-TOH-ree-ohs kom-par-TEE-dohs?*)
2. **¿Cuál es el precio por noche?** – What is the price per night? (*KWAL es el PREH-syo por NOH-cheh?*)
3. **¿El desayuno está incluido?** – Is breakfast included? (*el deh-sah-YOO-noh es-TAH een-KLOO-ee-doh?*)
4. **¿Hay baños compartidos o privados?** – Are there shared or private bathrooms? (*ay BAH-nyos kom-par-TEE-dohs oh pree-VAH-dohs?*)
5. **¿Hay una cocina para los huéspedes?** – Is there a kitchen for guests? (*ay oo-NAH koh-SEE-nah pah-rah los GWEHS-peh-des?*)
6. **¿A qué hora cierra la recepción?** – What time does the reception close? (*ah keh OH-*

rah SYEHR-rah lah reh-sehp-SYOHN?)

7. **¿Tienen lockers o taquillas para los objetos personales?** – Do you have lockers for personal items? (*TYEH-nen LOHK-ers oh tah-KEE-yahs pah-rah los ob-HEH-tos per-so-NAH-les?*)

8. **¿Puedo hacer una reserva en línea?** – Can I make a reservation online? (*PWEH-doh ah-THER ooh-nah reh-SEHR-vah en LEEN-ee-ah?*)

9. **¿Cuánto cuesta un servicio de lavandería?** – How much does laundry service cost? (*KWAN-toh KWEHS-tah oon ser-VEE-sioh deh lah-vahn-deh-REE-ah?*)

10. **¿Hay actividades organizadas para los huéspedes?** – Are there organized activities for guests? (*ay ak-tee-vee-DAH-des or-gah-nee-SAH-das pah-rah los GWEHS-peh-des?*)

CAMPING (CAMPINGPLÄTZE UND ZELTE)

1. **¿Dónde está el camping más cercano?** – Where is the nearest campground? (*DOHN-deh es-TAH el KAHM-peeng mahs ser-KAH-noh?*)
2. **¿Hay sitios para acampar?** – Are there camping spots? (*ay SEE-tyos pah-rah ah-kam-PAR?*)
3. **¿Puedo reservar un lugar para acampar?** – Can I reserve a camping spot? (*PWEH-doh reh-sehr-VAR oon loo-GAR pah-rah ah-kam-PAR?*)
4. **¿Hay baños y duchas en el camping?** – Are there bathrooms and showers at the campground? (*ay BAH-nyos ee DOO-chahs en el KAHM-peeng?*)
5. **¿Se puede encender una fogata?** – Is it allowed to make a campfire? (*seh PWEH-deh en-SEN-der oo-nah fo-GAH-tah?*)

6. **¿Dónde puedo alquilar una tienda de campaña?** – Where can I rent a tent? (*DOHN-deh PWEH-doh ahl-kee-LAR oo-nah TYEHN-dah deh kam-PAH-nyah?*)
7. **¿Hay un área para caravanas?** – Is there an area for caravans? (*ay oon AH-ree-ah pah-rah kah-rah-VAH-nahs?*)
8. **¿A qué hora cierra el camping?** – What time does the campground close? (*ah keh OH-rah SYEHR-rah el KAHM-peeng?*)
9. **¿Puedo llevar mi propia comida?** – Can I bring my own food? (*PWEH-doh yeh-VAR mee PROH-pyah koh-MEE-dah?*)
10. **¿Hay un lugar para hacer barbacoas?** – Is there a place to have a barbecue? (*ay oon loo-GAR pah-rah ah-SEHR bar-bah-KOH-ahs?*)

OTHER TYPES OF ACCOMMODATION

1. **¿Qué tipo de alojamiento tienen?** – What type of accommodation do you have? (*keh TEE-poh deh ah-loh-hah-MYEN-toh TYEHN-en?*)
2. **¿Ofrecen apartamentos?** – Do you offer apartments? (*oh-FREH-sen ah-par-TAH-men-tos?*)
3. **¿Tienen cabañas o bungalows?** – Do you have cabins or bungalows? (*TYEH-nen kah-BAH-nyas oh BOHN-gah-lohs?*)
4. **¿El precio incluye el servicio de limpieza?** – Does the price include cleaning service? (*el PREH-syo een-KLOO-yeh el ser-VEE-sioh deh leem-PYEH-sah?*)
5. **¿Se puede pagar por noche o por semana?** – Can you pay per night or per week? (*seh PWEH-deh pah-GAR por NOH-cheh oh por seh-MAH-nah?*)
6. **¿Puedo cancelar la reserva sin cargo?**

- Can I cancel the reservation without charge? (*PWEH-doh kahn-seh-LAR lah reh-SEHR-vah seen KAR-go?*)
7. **¿Tienen habitaciones con cocina?** – Do you have rooms with a kitchen? (*TYEH-nen ah-bee-tah-SYOH-nes kohn koh-SEE-nah?*)
8. **¿Hay estacionamiento disponible?** – Is parking available? (*ay es-tah-syo-NAR-myen-toh dis-poh-nee-BLEH?*)
9. **¿Puedo usar el servicio de lavandería?** – Can I use the laundry service? (*PWEH-doh oo-SAR el ser-VEE-sioh deh lah-vahn-deh-REE-ah?*)
10. **¿Hay acceso para personas con discapacidad?** – Is there access for people with disabilities? (*ay ahk-SEH-soh pah-rah pehr-SOH-nas kohn dees-kah-pee-dah-DAD?*)

EMERGENCIES AND ACCIDENTS

1. **¡Ayuda!** – Help! (*ah-YOO-dah!*)
2. **¿Puede llamar a una ambulancia?** – Can you call an ambulance? (*PWEH-deh yah-MAR ah oo-nah ahm-boo-LAHN-syah?*)
3. **¿Dónde está la estación de policía más cercana?** – Where is the nearest police station? (*DOHN-deh es-TAH lah es-tah-SYOHN deh poh-lee-SEE-ah mahs ser-KAH-nah?*)
4. **He tenido un accidente.** – I've had an accident. (*eh teh-NEE-doh oon ahk-see-DEN-teh.*)
5. **Necesito ir al hospital.** – I need to go to the hospital. (*neh-seh-SEE-toh eer ahl ohs-pee-TAL?*)
6. **¿Dónde está la farmacia más cercana?** – Where is the nearest pharmacy? (*DOHN-deh es-TAH lah far-MAH-syah mahs ser-KAH-nah?*)
7. **Me siento mal.** – I feel unwell. (*meh SYEN-*

toh mahl.)
8. **¿Puede ayudarme?** – Can you help me? (*PWEH-deh ah-yoo-DAR-meh?*)
9. **Tengo dolor de cabeza.** – I have a headache. (*TEHN-goh doh-LOR deh kah-BEH-sah.*)
10. **¿Cuál es el número de emergencias?** – What is the emergency number? (*KWAL es el NOO-meh-roh deh eh-mehr-HEN-syahs?*)

DOCTOR'S VISIT

1. **Necesito ver a un médico.** – I need to see a doctor. (*neh-seh-SEE-toh vehr ah oon MEH-dee-koh.*)
2. **¿Cuál es el problema?** – What is the problem? (*KWAL es el pro-BLEH-ma?*)
3. **Tengo fiebre.** – I have a fever. (*TEHN-goh FYEH-breh.*)
4. **Me duele el estómago.** – My stomach hurts. (*meh DWEH-leh el es-TOH-mah-goh.*)
5. **¿Tiene algún medicamento para el dolor?** – Do you have any medication for the pain? (*TYEH-neh al-GOON meh-dee-kah-MEN-toh pah-rah el doh-LOR?*)
6. **Estoy alergico/a a la penicilina.** – I am allergic to penicillin. (*es-TOY ah-LER-hee-koh/kah ah lah peh-nee-see-LEE-nah.*)
7. **¿Cuáles son los síntomas?** – What are the symptoms? (*KWAL-es son los SEEM-toh-mas?*)
8. **¿Puedo tomar este medicamento con comida?** – Can I take this medication with food? (*PWEH-doh toh-MAR es-teh meh-*

dee-kah-MEN-toh kohn koh-MEE-dah?)

9. **¿Cuántos días debo descansar?** – How many days should I rest? (*KWAN-tos DEE-ahs DEH-boh dehs-kahn-SAR?*)

10. **¿Dónde se encuentra el consultorio?** – Where is the doctor's office? (*DOHN-deh seh en-KWEHN-trah el kohn-sool-TOR-ee-oh?*)

PHARMACY

1. **¿Dónde está la farmacia más cercana?** – Where is the nearest pharmacy? (*DOHN-deh es-TAH lah far-MAH-syah mahs ser-KAH-nah?*)
2. **¿Tiene algo para el resfriado?** – Do you have anything for a cold? (*TYEH-neh AL-go pah-rah el res-free-AH-doh?*)
3. **¿Me puede dar un analgésico?** – Can you give me a painkiller? (*meh PWEH-deh DAR oon ah-nahl-HEH-see-koh?*)
4. **Necesito una receta médica.** – I need a prescription. (*neh-seh-SEE-toh oo-nah reh-SEH-tah MEH-dee-kah.*)
5. **¿Puedo comprar sin receta?** – Can I buy it without a prescription? (*PWEH-doh kom-PRAR seen reh-SEH-tah?*)
6. **¿Tienen pastillas para la tos?** – Do you have cough drops? (*TYEH-nen pah-STEE-yahs pah-rah lah tohs?*)
7. **¿Puede ayudarme a encontrar un medicamento para la alergia?** – Can you help me find an allergy medication? (*PWEH-deh ah-yoo-DAR-meh ah en-kon-*

TRAR oon meh-dee-kah-MEN-toh pah-rah lah ah-LER-hee-ah?)

8. **¿Dónde puedo encontrar vendas y apósitos?** – Where can I find bandages and adhesive strips? (*DOHN-deh PWEH-doh en-kon-TRAR VEN-das ee ah-POH-see-tos?*)

9. **¿Tiene protección solar?** – Do you have sunscreen? (*TYEH-neh pro-tehk-SYON so-LAR?*)

10. **¿A qué hora cierra la farmacia?** – What time does the pharmacy close? (*ah keh OH-rah SYEHR-rah lah far-MAH-syah?*)

GYMS AND FITNESS

1. **¿Dónde está el gimnasio?** – Where is the gym? (*DOHN-deh es-TAH el heem-NAH-syoh?*)
2. **¿Puedo obtener una membresía?** – Can I get a membership? (*PWEH-doh ob-teh-NEHR oo-nah mem-behr-SEE-ah?*)
3. **¿Hay clases de yoga o pilates?** – Are there yoga or Pilates classes? (*ay KLAH-ses deh YOH-gah oh pee-LAH-tes?*)
4. **¿Cuál es el horario de apertura?** – What are the opening hours? (*KWAL es el o-RAH-ree-oh deh ah-pehr-TOO-rah?*)
5. **¿Tienen entrenadores personales?** – Do you have personal trainers? (*TYEH-nen en-tre-NAH-dores per-so-NAH-les?*)
6. **¿Dónde puedo encontrar pesas?** – Where can I find weights? (*DOHN-deh PWEH-doh en-kon-TRAR PEH-sahs?*)
7. **¿Hay duchas disponibles?** – Are showers available? (*ay DOO-chahs dis-poh-nee-*

BLEHS?)
8. **¿El uso del gimnasio es gratuito?** – Is the gym free to use? (*el OO-soh del heem-NAH-syoh es gra-too-EE-toh?*)
9. **¿Cuánto cuesta la entrada diaria?** – How much is the daily entrance fee? (*KWAN-toh KWEHS-tah lah en-TRA-dah dee-AH-ree-ah?*)
10. **¿Tienen máquinas de cardio?** – Do you have cardio machines? (*TYEH-nen MAH-kee-nas deh KAR-dee-oh?*)

ADDITIONAL HEALTH-RELATED PHRASES

1. **¿Tiene dolor de cabeza?** – Do you have a headache? (*TYEH-neh doh-LOR deh kah-BEH-sah?*)
2. **Me siento mareado/a.** – I feel dizzy. (*meh SYEN-toh mah-reh-AH-doh/kah.*)
3. **¿Necesita una inyección?** – Do you need an injection? (*neh-seh-SEE-tah oo-nah een-yehk-SYON?*)
4. **¿Cuánto tiempo debo tomar este medicamento?** – How long should I take this medication? (*KWAN-toh TYEHM-poh DEH-boh toh-MAR es-teh meh-dee-kah-MEN-toh?*)
5. **¿Tiene síntomas de gripe?** – Do you have flu symptoms? (*TYEH-neh SEEM-toh-mas deh GREE-peh?*)

6. **¿Puedo tomar agua?** – Can I drink water? (*PWEH-doh toh-MAR AH-gwah?*)
7. **Necesito una ambulancia.** – I need an ambulance. (*neh-seh-SEE-toh oo-nah ahm-boo-LAN-syah.*)
8. **¿Es grave?** – Is it serious? (*es GRAH-veh?*)
9. **¿Puedo hacer ejercicio?** – Can I exercise? (*PWEH-doh ah-SEHR eh-hehr-SEE-syoh?*)
10. **¿Hay algún hospital cerca de aquí?** – Is there a hospital nearby? (*ay al-GOON oh-spee-TAL SER-kah deh ah-KEE?*)

GENERAL SPORTS AND RECREATION

1. **¿Te gusta hacer deporte?** – Do you like to play sports? (*teh GOOS-tah ah-SEHR deh-POR-teh?*)
2. **¿A qué deporte te dedicas?** – What sport do you practice? (*ah keh deh-POR-teh teh deh-DEE-kahs?*)
3. **Me gusta correr.** – I like running. (*meh GOOS-tah koh-REHR.*)
4. **¿Cuál es tu deporte favorito?** – What is your favorite sport? (*KWAL es too deh-POR-teh fah-voh-REE-toh?*)
5. **¿Hay un equipo local de fútbol?** – Is there a local soccer team? (*ay oon eh-KEE-poh lo-KAHL deh FOOT-bol?*)
6. **¿Puedo jugar en tu equipo?** – Can I play on your team? (*PWEH-doh hoo-GAR en too eh-KEE-poh?*)
7. **¿Cuándo es el próximo partido?** – When

is the next game? (*KWAN-do es el PROHK-see-moh par-TEE-doh?*)

8. **¿Dónde puedo alquilar equipo deportivo?** – Where can I rent sports equipment? (*DOHN-deh PWEH-doh al-kee-LAR eh-KEE-POH deh-POR-tee-voh?*)

9. **¿Tienes un balón de fútbol?** – Do you have a soccer ball? (*TYEH-nes oon bah-LON deh FOOT-bol?*)

10. **¿Hay una cancha cerca?** – Is there a court nearby? (*ay oon-KAHN-chah SER-kah?*)

SOCCER (FÚTBOL)

1. **¿A qué hora empieza el partido?** – What time does the match start? (*ah keh OH-rah em-PYEH-sah el par-TEE-doh?*)
2. **¿Quién es tu jugador favorito?** – Who is your favorite player? (*KYEN es too hoo-gah-DOR fah-voh-REE-toh?*)
3. **¿Ganamos el partido?** – Did we win the game? (*gah-NAH-mos el par-TEE-doh?*)
4. **¿Cuántos goles marcó?** – How many goals did he/she score? (*KWAN-tos GOH-les mar-KOH?*)
5. **¿Dónde se juega el próximo partido?** – Where will the next game be played? (*DOHN-deh seh HWEH-gah el PROHK-see-moh par-TEE-doh?*)
6. **El equipo perdió.** – The team lost. (*el eh-KEE-poh pehr-DEE-oh.*)
7. **¿Cuál es el marcador?** – What is the score? (*KWAL es el mar-KA-dor?*)
8. **¿Hay entradas disponibles para el

partido? – Are there tickets available for the game? (*ay en-TRAH-dahs dis-poh-nee-BLEHS pah-rah el par-TEE-doh?*)

9. **¡Vamos a ganar!** – Let's win! (*VAH-mos ah gah-NAR!*)

10. **¿Qué posición juegas?** – What position do you play? (*keh poh-see-SYON HWAY-gahs?*)

SWIMMING (NATACIÓN)

1. **¿Dónde está la piscina?** – Where is the swimming pool? (*DOHN-deh es-TAH lah pee-SEEN-ah?*)
2. **¿Puedes nadar bien?** – Can you swim well? (*PWEH-des nah-DAR byen?*)
3. **Me gusta nadar.** – I like swimming. (*meh GOOS-tah nah-DAR.*)
4. **¿Hay clases de natación?** – Are there swimming lessons? (*ay KLAH-ses deh nah-tah-SYON?*)
5. **¿Cuántas vueltas debes nadar?** – How many laps should I swim? (*KWAN-tas VWEHL-tas DEH-behs nah-DAR?*)
6. **¿Tienes flotador?** – Do you have a float? (*TYEH-nes flo-tah-DOR?*)
7. **¿Es peligrosa la corriente?** – Is the current dangerous? (*es peh-lee-GROH-sah lah korr-YEN-teh?*)
8. **No sé nadar.** – I don't know how to swim. (*no seh nah-DAR.*)

9. **¿Me puedes enseñar a nadar?** – Can you teach me how to swim? (*meh PWEH-des en-seh-NYAR ah nah-DAR?*)

10. **¿A qué hora abre la piscina?** – What time does the pool open? (*ah keh OH-rah AH-breh lah pee-SEEN-ah?*)

SKIING (ESQUÍ)

1. **¿Dónde está la estación de esquí?** – Where is the ski resort? (*DOHN-deh es-TAH lah es-tah-SYON deh es-KEE?*)
2. **¿Tienes equipo de esquí para alquilar?** – Do you have ski equipment for rent? (*TYEH-nes eh-KEE-poh deh es-KEE pah-rah al-kee-LAR?*)
3. **¿Cuáles son las mejores pistas?** – Which are the best slopes? (*KWAL-es son las meh-HO-res PEES-tas?*)
4. **¿Hay clases de esquí?** – Are there ski lessons? (*ay KLAH-ses deh es-KEE?*)
5. **Me gusta esquiar.** – I like skiing. (*meh GOOS-tah es-KEE-AR.*)
6. **¿Puedo alquilar esquís y bastones?** – Can I rent skis and poles? (*PWEH-doh al-kee-LAR es-KEES ee bas-TOH-nes?*)
7. **¿Es seguro esquiar en esta zona?** – Is it safe to ski in this area? (*es seh-GOO-roh es-KEE-ar en ES-tah ZOH-nah?*)
8. **¿Qué nivel de esquí tienes?** – What ski level do you have? (*keh nee-VEL deh es-KEE TYEH-nes?*)

9. **La nieve está perfecta.** – The snow is perfect. (*lah NYEH-veh es-TAH pehr-FEK-tah.*)
10. **¡Cuidado con la avalancha!** – Watch out for avalanches! (*KWEE-dah-doh kon lah ah-vah-LAN-chah!*)

MOUNTAINEERING (MONTAÑISMO)

1. **¿Dónde puedo encontrar una guía de montaña?** – Where can I find a mountain guide? (*DOHN-deh PWEH-doh en-kon-TRAR oo-nah GEE-ah deh mon-TAN-yah?*)
2. **¿Es seguro escalar esta montaña?** – Is it safe to climb this mountain? (*es seh-GOO-roh es-kah-LAR ES-tah mon-TAN-yah?*)
3. **Me gusta hacer senderismo.** – I like hiking. (*meh GOOS-tah ah-SEHR sen-deh-REEZ-moh.*)
4. **¿Hay rutas fáciles?** – Are there easy trails? (*ay ROO-tas FAH-sees?*)
5. **Necesito equipo de montañismo.** – I need mountaineering gear. (*neh-seh-SEE-toh eh-KEE-poh deh mon-tan-YEES-moh.*)
6. **¿Cuánto tiempo tarda la caminata?** – How long does the hike take? (*KWAN-toh TYEHM-poh TAR-dah lah kah-mee-NAH-*

tah?)
7. **¿Debo llevar agua y comida?** – Should I bring water and food? (*DEH-boh yeh-VAR AH-gwah ee koh-MEE-dah?*)
8. **¿Hay zonas de acampada?** – Are there camping areas? (*ay ZOH-nas deh ah-kam-PAH-dah?*)
9. **La cima es impresionante.** – The summit is impressive. (*lah SEE-mah es eem-preh-syoh-NAHN-teh.*)
10. **¿Puedes ayudarme con el equipo?** – Can you help me with the gear? (*PWEH-des ah-yoo-DAR-meh kon el eh-KEE-poh?*)

WEATHER PHRASES (FRASES DEL CLIMA)

1. **¿Qué tiempo hace hoy?** – What is the weather like today? (*keh TYEHM-poh AH-seh oy?*)
2. **Hace frío.** – It's cold. (*AH-seh FREE-oh.*)
3. **Está lloviendo.** – It's raining. (*es-TAH yoh-VYEN-doh.*)
4. **Hace calor.** – It's hot. (*AH-seh kah-LOR.*)
5. **¿Va a nevar?** – Is it going to snow? (*vah ah neh-VAR?*)
6. **Hay tormenta.** – There is a storm. (*ay tor-MEN-tah.*)
7. **El cielo está despejado.** – The sky is clear. (*el SYEH-loh es-TAH des-peh-KHAH-doh.*)
8. **¿Qué temperatura hace?** – What's the temperature? (*keh tem-peh-rah-TOO-rah AH-seh?*)

9. **¿Hay niebla?** – Is there fog? (*ay NYEH-blah?*)

10. **La previsión del tiempo es buena.** – The weather forecast is good. (*lah preh-vee-SYON del TYEHM-poh es BWEH-nah.*)

FAMILY PHRASES (FRASES DE FAMILIA)

1. **¿Tienes hermanos?** – Do you have siblings? (*TYEH-nes ehr-MAH-nos?*)
2. **Mi madre es muy cariñosa.** – My mother is very affectionate. (*mee MAH-dreh es mwee kah-ree-NYOH-sah.*)
3. **¿Cuántos hijos tienes?** – How many children do you have? (*KWAN-tos EE-hos TYEH-nes?*)
4. **Ella es mi abuela.** – She is my grandmother. (*EH-yah es mee ah-BWEH-lah.*)
5. **¿Qué edad tiene tu padre?** – How old is your father? (*keh eh-DAD TYEH-neh too PAH-dreh?*)
6. **Somos una familia grande.** – We are a big family. (*SOH-mos oo-nah fah-MEE-lyah GRAN-deh.*)
7. **Mis padres se han jubilado.** – My parents

have retired. (*mees PAH-dres seh ahn hoo-bee-LAH-doh.*)
8. **Mi hermana pequeña es muy juguetona.** – My little sister is very playful. (*mee ehr-MAH-nah peh-KWEH-nyah es mwee hoo-geh-TOH-nah.*)
9. **¿Cómo se llaman tus hijos?** – What are your children's names? (*KOH-moh seh YAH-man toos EE-hos?*)
10. **Ellos son mis primos.** – They are my cousins. (*EH-yos son mees PREE-mos.*)

AGE AND RELATED PHRASES (EDAD Y FRASES RELACIONADAS)

1. **¿Cuántos años tienes?** – How old are you? (*KWAN-tos AH-nyos TYEH-nes?*)
2. **Tengo veinte años.** – I am twenty years old. (*TEHN-goh VAYN-teh AH-nyos.*)
3. **Ella es mayor que yo.** – She is older than me. (*EH-yah es mah-YOR keh yoh.*)
4. **¿A qué edad comenzaste a trabajar?** – At what age did you start working? (*ah keh eh-DAD koh-men-SAH-steh ah trah-BAH-har?*)
5. **Mi abuelo tiene noventa años.** – My grandfather is ninety years old. (*mee ah-BWEH-loh TYEH-neh noh-VEN-tah AH-*

nyos.)
6. **Soy joven.** – I am young. (*soy HOH-ven.*)
7. **Mi hermana menor es estudiante.** – My younger sister is a student. (*mee ehr-MAH-nah meh-NOR es es-too-DYAN-teh.*)
8. **¿Cuántos años tienes tú?** – How old are you? (*KWAN-tos AH-nyos TYEH-nes too?*)
9. **Cumplí años ayer.** – I had a birthday yesterday. (*KOOM-plee AH-nyos ah-YER.*)
10. **La niña tiene tres años.** – The girl is three years old. (*lah NEEN-yah TYEH-neh tres AH-nyos.*)

GREETINGS AND POLITE EXPRESSIONS (SALUDOS Y EXPRESIONES CORTESES)

1. **¡Hola!** – Hello! (*OH-lah!*)
2. **Buenos días.** – Good morning. (*BWEH-nos DEE-ahs.*)
3. **Buenas tardes.** – Good afternoon. (*BWEH-nas TAR-des.*)
4. **Buenas noches.** – Good evening/night. (*BWEH-nas NOH-ches.*)
5. **¿Cómo estás?** – How are you? (*KOH-moh es-TAS?*)
6. **Mucho gusto.** – Nice to meet you. (*MOO-choh GOOS-toh.*)

7. **¿Cómo te llamas?** – What is your name? (*KOH-moh teh YAH-mahs?*)
8. **Por favor.** – Please. (*por fah-VOR.*)
9. **Gracias.** – Thank you. (*GRAH-syahs.*)
10. **De nada.** – You're welcome. (*deh NAH-dah.*)

COMMON QUESTIONS (PREGUNTAS COMUNES)

1. **¿Qué hora es?** – What time is it? (*keh OH-rah es?*)
2. **¿Dónde está el baño?** – Where is the bathroom? (*DOHN-deh es-TAH el BAH-nyo?*)
3. **¿Puedo ayudarte?** – Can I help you? (*PWEH-doh ah-yoo-DAR-teh?*)
4. **¿Qué tal?** – How's it going? (*keh tahl?*)
5. **¿Dónde vives?** – Where do you live? (*DOHN-deh VEE-ves?*)
6. **¿Qué te gusta hacer en tu tiempo libre?** – What do you like to do in your free time? (*keh teh GOOS-tah ah-SEHR en too TYEHM-poh LEE-breh?*)
7. **¿Hablas inglés?** – Do you speak English? (*AH-blas een-GLAYS?*)

8. **¿Cuántas personas hay?** – How many people are there? (*KWAN-tas per-SOH-nas ahy?*)
9. **¿Por qué?** – Why? (*por KEH?*)
10. **¿Qué significa esto?** – What does this mean? (*keh seeg-nee-FEE-kah ES-toh?*)

ESSENTIAL SURVIVAL PHRASES (FRASES DE SUPERVIVENCIA ESENCIALES)

1. **¡Ayuda!** – Help! (*ah-YOO-dah!*)
2. **¡Llama a la policía!** – Call the police! (*YAH-mah ah lah poh-lee-SEE-ah!*)
3. **Necesito un médico.** – I need a doctor. (*neh-seh-SEE-toh oon MEH-dee-koh.*)
4. **Estoy perdido/a.** – I am lost. (*es-TOY pehr-DEE-doh/dah.*)
5. **¿Puede ayudarme, por favor?** – Can you help me, please? (*PWEH-deh ah-yoo-DAR-meh, por fah-VOR?*)
6. **No hablo mucho español.** – I don't speak

much Spanish. (*noh AH-bloh MOO-choh es-pahn-YOL.*)
7. **¿Dónde está el hospital?** – Where is the hospital? (*DOHN-deh es-TAH el oh-spee-TAL?*)
8. **¿Cuánto cuesta esto?** – How much does this cost? (*KWAN-toh KWEHS-tah ES-toh?*)
9. **¡Es una emergencia!** – It's an emergency! (*es OO-nah eh-mehr-HEN-see-ah!*)
10. **¿Puede repetirlo?** – Can you repeat that? (*PWEH-deh reh-peh-TEER-loh?*)

NUMBERS (1–10) (NÚMEROS DEL 1 AL 10)

1. **Uno** – One (*OO-noh*)
2. **Dos** – Two (*dos*)
3. **Tres** – Three (*tres*)
4. **Cuatro** – Four (*KWAT-roh*)
5. **Cinco** – Five (*SEEN-koh*)
6. **Seis** – Six (*seys*)
7. **Siete** – Seven (*SYEH-teh*)
8. **Ocho** – Eight (*OH-choh*)
9. **Nueve** – Nine (*NWAY-veh*)
10. **Diez** – Ten (*dyehs*)

COLORS (COLORES)

1. **Rojo** – Red (*ROH-hoh*)
2. **Azul** – Blue (*ah-SOOL*)
3. **Verde** – Green (*VEHR-deh*)
4. **Amarillo** – Yellow (*ah-mah-REE-yoh*)
5. **Negro** – Black (*NEH-groh*)
6. **Blanco** – White (*BLAN-koh*)
7. **Gris** – Gray (*grees*)
8. **Naranja** – Orange (*nah-RAN-hah*)
9. **Marrón** – Brown (*mah-ROHN*)
10. **Rosa** – Pink (*ROH-sah*)

ESSENTIAL SURVIVAL PHRASES (FRASES DE SUPERVIVENCIA ESENCIALES)

1. **¡Ayuda!** – Help! (*ah-YOO-dah!*)
2. **¡Llama a la policía!** – Call the police! (*YAH-mah ah lah poh-lee-SEE-ah!*)
3. **Necesito un médico.** – I need a doctor. (*neh-seh-SEE-toh oon MEH-dee-koh.*)
4. **Estoy perdido/a.** – I am lost. (*es-TOY pehr-DEE-doh/dah.*)
5. **¿Puede ayudarme, por favor?** – Can you help me, please? (*PWEH-deh ah-yoo-DAR-meh, por fah-VOR?*)
6. **No hablo mucho español.** – I don't speak

much Spanish. (*noh AH-bloh MOO-choh es-pahn-YOL.*)
7. **¿Dónde está el hospital?** – Where is the hospital? (*DOHN-deh es-TAH el oh-spee-TAL?*)
8. **¿Cuánto cuesta esto?** – How much does this cost? (*KWAN-toh KWEHS-tah ES-toh?*)
9. **¡Es una emergencia!** – It's an emergency! (*es OO-nah eh-mehr-HEN-see-ah!*)
10. **¿Puede repetirlo?** – Can you repeat that? (*PWEH-deh reh-peh-TEER-loh?*)

ITALIAN GREETINGS AND POLITE EXPRESSIONS

1. **Ciao!** – Hello! / Bye! (*chow!*)
2. **Buongiorno!** – Good morning! (*bwon-JOR-noh!*)
3. **Buon pomeriggio!** – Good afternoon! (*bwon poh-meh-REE-joh!*)
4. **Buonasera!** – Good evening! (*bwon-ah-SEH-rah!*)
5. **Buonanotte!** – Good night! (*bwon-ah-NOHT-teh!*)
6. **Come stai?** – How are you? (*COH-meh STAH-ee?*)
7. **Molto piacere.** – Nice to meet you. (*MOL-toh pee-ah-CHEH-reh.*)
8. **Per favore.** – Please. (*per fah-VOH-reh.*)
9. **Grazie.** – Thank you. (*GRAHT-see-eh.*)
10. **Prego.** – You're welcome. (*PREH-*

goh.)

11. **Scusa / Mi scusi.** – Excuse me. (*SCOO-zah / mee SCOO-zee.*)

12. **Mi dispiace.** – I'm sorry. (*mee dees-PYAH-cheh.*)

13. **Non parlo italiano.** – I don't speak Italian. (*non PAR-loh ee-tah-LYAH-noh.*)

14. **Parla inglese?** – Do you speak English? (*PAR-lah een-GLEH-zeh?*)

EXPRESSIONS OF SURPRISE AND COMMON REACTIONS

1. **Davvero?** – Really? (*dah-VEHR-roh?*)
2. **Non ci posso credere!** – I can't believe it! (*non chee POS-soh CREH-deh-reh!*)
3. **Incredibile!** – Incredible! (*in-kreh-DEE-beh-leh!*)
4. **Wow!** – Wow! (*wow!*)
5. **È fantastico!** – It's fantastic! (*eh fan-TAS-tee-koh!*)
6. **Che bello!** – How beautiful! (*keh BELL-loh!*)
7. **Che sorpresa!** – What a surprise! (*keh sor-PREH-sah!*)
8. **Oh mio Dio!** – Oh my God! (*oh mee-OH DEE-oh!*)
9. **Che triste!** – How sad! (*keh TREES-teh!*)
10. **È pazzesco!** – It's crazy! (*eh pat-

MICHAEL CHRISTIAN BELL

ZES-koh!)

COLORS

1. **Rosso** – Red (*ROH-soh*)
2. **Blu** – Blue (*blooh*)
3. **Verde** – Green (*VEHR-deh*)
4. **Giallo** – Yellow (*JAH-loh*)
5. **Nero** – Black (*NEH-roh*)
6. **Bianco** – White (*BYAN-koh*)
7. **Grigio** – Gray (*GREE-joh*)
8. **Arancione** – Orange (*ah-rahn-CHO-neh*)
9. **Marrone** – Brown (*mar-ROH-neh*)
10. **Rosa** – Pink (*ROH-zah*)
11. **Viola** – Purple (*vee-OH-lah*)

ESSENTIAL GREETINGS AND POLITE EXPRESSIONS

1. **Ciao!** – Hello! / Bye! (*chow!*)
2. **Buongiorno!** – Good morning! (*bwon-JOR-noh!*)
3. **Buonasera!** – Good evening! (*bwon-ah-SEH-rah!*)
4. **Buonanotte!** – Good night! (*bwon-ah-NOHT-teh!*)
5. **Come stai?** – How are you? (*COH-meh STAH-ee?*)
6. **Molto piacere.** – Nice to meet you. (*MOL-toh pee-ah-CHEH-reh.*)
7. **Per favore.** – Please. (*per fah-VOH-reh.*)
8. **Grazie.** – Thank you. (*GRAHT-see-eh.*)
9. **Prego.** – You're welcome. (*PREH-goh.*)
10. **Scusa / Mi scusi.** – Excuse me. (*SCOO-zah / mee SCOO-zee.*)

11.   **Mi dispiace.** – I'm sorry. (*mee dees-PYAH-cheh.*)

12.   **Non parlo italiano.** – I don't speak Italian. (*non PAR-loh ee-tah-LYAH-noh.*)

13.   **Parla inglese?** – Do you speak English? (*PAR-lah een-GLEH-zeh?*)

TRAVEL AND TRANSPORTATION

1. **Dove si trova la stazione?** – Where is the station? (*DOH-veh see TROH-vah lah stah-TSYOH-neh?*)
2. **Quanto costa il biglietto?** – How much is the ticket? (*KWAN-toh COS-tah eel bee-LYET-toh?*)
3. **A che ora parte il treno?** – What time does the train leave? (*ah keh OR-ah PAR-teh eel TREH-noh?*)
4. **Ho bisogno di un taxi.** – I need a taxi. (*oh bee-ZOH-nyoh dee oon TAK-see.*)
5. **Dove si trova la fermata dell'autobus?** – Where is the bus stop? (*DOH-veh see TROH-vah lah fer-MAH-tah dell-AH-oo-toh-boos?*)
6. **C'è una fermata qui vicino?** – Is there a stop nearby? (*cheh OO-nah fer-MAH-tah kwee vee-CHEE-noh?*)

7. **Vorrei prenotare un biglietto per [destinazione].** – I'd like to book a ticket to [destination]. (*vor-REH-ee preh-no-TAH-reh oon bee-LYET-toh per [des-tee-nah-TSYOH-neh].*)
8. **Posso avere una mappa, per favore?** – Can I have a map, please? (*POS-soh ah-VEH-reh oo-nah MAH-pah, per fah-VOH-reh?*)

ACCOMMODATION AND LODGING

1. **Ho una prenotazione.** – I have a reservation. (*oh oo-NAH preh-no-TAH-tsyoh-neh.*)
2. **C'è una stanza libera?** – Is there a free room? (*cheh OO-nah STAN-zah LEE-beh-rah?*)
3. **Quanto costa per notte?** – How much is it per night? (*KWAN-toh COS-tah per NOT-teh?*)
4. **Vorrei una camera con bagno.** – I would like a room with a bathroom. (*vor-REH-ee OO-nah CAH-meh-rah kon BAHN-yoh.*)
5. **Dove si trova il mio appartamento?** – Where is my apartment? (*DOH-veh see TROH-vah eel mee-oh ahp-pahr-teh-MEN-toh?*)
6. **Posso avere delle asciugamani?** – Can I have some towels? (*POS-soh ah-VEH-reh DEH-leh ah-SHOO-gah-MAH-nee?*)
7. **C'è la connessione Wi-Fi?** – Is there Wi-

Fi? (*cheh lah con-NEH-ssyoh-neh WEE-FY?*)

DINING OUT

1. **Un tavolo per due, per favore.** – A table for two, please. (*oon TAH-voh-loh per DOO-eh, per fah-VOH-reh.*)
2. **Posso vedere il menu, per favore?** – Can I see the menu, please? (*POS-soh veh-DEH-reh eel meh-NOO, per fah-VOH-reh?*)
3. **Vorrei ordinare [piatto].** – I would like to order [dish]. (*vor-REH-ee or-dee-NAR-eh [PYAH-toh].*)
4. **Siamo vegetariani.** – We are vegetarians. (*SYAH-moh veh-geh-teh-RYAH-nee.*)
5. **Il conto, per favore.** – The check, please. (*eel CON-toh, per fah-VOH-reh.*)
6. **Acqua naturale, per favore.** – Still water, please. (*AHK-kwah nah-too-RAH-leh, per fah-VOH-reh.*)
7. **C'è il menu in inglese?** – Is there a menu in English? (*cheh eel meh-NOO een een-GLEH-zeh?*)
8. **Posso avere il conto separato?** – Can I have separate checks? (*POS-soh ah-VEH-reh eel CON-toh seh-pah-RAH-toh?*)

SHOPPING

1. **Quanto costa?** – How much does it cost? (*KWAN-toh COS-tah?*)
2. **Posso vedere questo?** – Can I see this? (*POS-soh veh-DEH-reh KWEHS-toh?*)
3. **Mi può aiutare?** – Can you help me? (*mee pwoh ah-yoo-TAH-reh?*)
4. **Sto cercando [un regalo].** – I am looking for [a gift]. (*stoh cher-KAHN-doh [oon reh-GAH-loh].*)
5. **Accettate carte di credito?** – Do you accept credit cards? (*ah-chek-TTAH-teh CAR-teh dee CREH-dee-toh?*)
6. **Posso provare questo?** – Can I try this on? (*POS-soh pro-VAH-reh KWEHS-toh?*)
7. **C'è una taglia più grande/piccola?** – Is there a larger/smaller size? (*cheh oo-NAH TAH-lyah pyoo GRAHN-deh/PEEK-koh-lah?*)
8. **Dove si trova il reparto di [abbigliamento]?** – Where is the [clothing] section? (*DOH-veh see TROH-vah eel reh-PAR-toh dee [ahb-bee-lyah-MEN-toh]?*)

9. **Posso avere uno sconto?** – Can I have a discount? (*POS-soh ah-VEH-reh OO-noh SCON-toh?*)

10. **Mi piace.** – I like it. (*mee PYA-cheh.*)

11. **Non mi piace.** – I don't like it. (*non mee PYA-cheh.*)

EMERGENCY AND HEALTH

1. **Aiuto!** – Help! (*ah-YOO-toh!*)
2. **Chiamate un'ambulanza!** – Call an ambulance! (*kya-MAH-teh oon ahm-boo-LAHN-zah!*)
3. **Dove si trova l'ospedale?** – Where is the hospital? (*DOH-veh see TROH-vah loh-speh-DAH-leh?*)
4. **Ho bisogno di un dottore.** – I need a doctor. (*oh bee-ZOH-nyoh dee oon doh-TTOH-reh.*)
5. **Mi sento male.** – I feel sick. (*mee SEN-toh MAH-leh.*)
6. **Ho mal di testa.** – I have a headache. (*oh MAHL dee TEH-stah.*)
7. **Sono allergico/a a [allergene].** – I am allergic to [allergen]. (*SOH-noh ahl-LER-jee-koh/ah ah [al-LER-geh-neh].*)
8. **Posso avere dell'acqua?** – Can I have some water? (*POS-soh ah-VEH-reh dell-AHK-kwah?*)

9. **Ho bisogno di medicina.** – I need medicine. (*oh bee-ZOH-nyoh dee meh-dee-SEE-nah.*)

10. **Qual è il numero di emergenza?** – What is the emergency number? (*kwahl eh eel NOO-meh-roh dee eh-mehr-JEN-zah?*)

SOCIAL AND CULTURAL INTERACTIONS

1. **Come ti chiami?** – What is your name? (*COH-meh tee KEE-ah-mee?*)
2. **Mi chiamo [nome].** – My name is [name]. (*mee KEE-ah-moh [NOH-meh].*)
3. **Di dove sei?** – Where are you from? (*dee DOH-veh SEH-ee?*)
4. **Sono di [paese].** – I am from [country]. (*SOH-noh dee [pah-ES-eh].*)
5. **Quanti anni hai?** – How old are you? (*KWAN-tee AHN-nee ah-EE?*)
6. **Hai una famiglia?** – Do you have a family? (*ah-EE OO-nah fah-MEE-lyah?*)
7. **Mi piace il cibo italiano.** – I like Italian food. (*mee PYA-cheh eel CHEE-boh ee-tah-LYAH-noh.*)
8. **Qual è il tuo piatto preferito?** – What is your favorite dish? (*kwahl eh eel TOO-oh PYAH-toh preh-feh-REE-toh?*)

9. **Puoi parlarmi di te?** – Can you tell me about yourself? (*pwoy par-LAR-mee dee teh?*)

10. **È stato un piacere conoscerti.** – It was nice to meet you. (*eh STAH-toh oon pee-ah-CHEH-reh koh-noh-SHER-tee.*)

11. **Ti va di uscire?** – Do you want to go out? (*tee vah dee oo-SHEE-reh?*)

12. **Che bello!** – How beautiful! (*keh BEHL-loh!*)

13. **È una giornata bellissima!** – It's a beautiful day! (*eh OO-nah jor-NAH-tah beh-LEE-see-mah!*)

EXPLORING MUSEUMS AND CULTURAL SITES

1. **Dove si trova il museo?** – Where is the museum? (*DOH-veh see TROH-vah eel moo-ZEH-oh?*)
2. **Quanto costa il biglietto?** – How much is the ticket? (*KWAN-toh COS-tah eel bee-LYEH-toh?*)
3. **Posso fare una visita guidata?** – Can I take a guided tour? (*POS-soh FAH-reh oo-NAH vee-ZEE-tah gwee-DAH-tah?*)
4. **A che ora chiude il museo?** – What time does the museum close? (*ah keh OH-rah KWEW-deh eel moo-ZEH-oh?*)
5. **C'è una mostra speciale?** – Is there a special exhibition? (*cheh OO-nah MOHS-trah speh-CHAH-leh?*)
6. **Vorrei vedere l'arte contemporanea.** – I would like to see contemporary art. (*vor-REH-ree veh-DEH-reh L'AR-teh con-tem-po-*

RAH-neh-ah.)
7. **Posso scattare fotografie?** – Can I take pictures? (*POS-soh skah-TAH-reh fo-toh-grah-FEE-eh?*)
8. **C'è una audioguida disponibile?** – Is there an audio guide available? (*cheh OO-nah ow-dee-OH-gwee-dah dis-poh-nee-BEE-leh?*)
9. **Mi piacerebbe visitare i siti storici.** – I would like to visit historical sites. (*mee pya-che-REH-beh vee-zee-TAH-reh ee SEE-tee STOR-ree-chee.*)
10. **Quanti giorni ci vogliono per visitare tutto il museo?** – How many days do you need to visit the whole museum? (*KWAN-tee JOR-nee chee VAWL-yoh-noh pehr vee-zee-TAH-reh TOOT-toh eel moo-ZEH-oh?*)

NIGHTLIFE AND ENTERTAINMENT

1. **Dove posso trovare un buon ristorante?** – Where can I find a good restaurant? (*DOH-veh POS-soh tro-VAH-reh oon bwon ree-sto-RAHN-teh?*)
2. **Qual è il locale più popolare in città?** – What is the most popular spot in town? (*kwahl eh eel loh-KAH-leh pyooh poh-poh-LAH-reh een chee-TAH?*)
3. **A che ora inizia lo spettacolo?** – What time does the show start? (*ah keh OH-rah een-EE-tsee-ah loh speh-TAH-koh-loh?*)
4. **Posso prenotare un tavolo per due persone?** – Can I reserve a table for two? (*POS-soh preh-no-TAH-reh oon TAH-voh-loh pehr doo-eh pehr-SOH-neh?*)
5. **C'è musica dal vivo?** – Is there live music? (*cheh MOO-zee-kah dal VEE-voh?*)
6. **Mi piacerebbe andare a una discoteca.** – I would like to go to a nightclub. (*mee pya-che-REH-beh ahn-DAH-reh ah OO-nah dis-*

koh-TEH-kah.)

7. **Dove si trova il teatro?** – Where is the theater? (*DOH-veh see TROH-vah eel teh-AH-troh?*)
8. **C'è un film in programmazione?** – Is there a movie showing? (*cheh oon FEEL-meen proh-grahm-mah-TSYO-neh?*)
9. **Qual è il programma della serata?** – What is the schedule for the evening? (*kwahl eh eel proh-GRAHM-mah deh-lah seh-RAH-tah?*)
10. **Voglio un drink.** – I want a drink. (*VOL-yoh oon DREEN-k.*)

MEETING LOCALS AND SOCIALIZING

1. **Ciao, come stai?** – Hi, how are you? (*chow, COH-meh stah-ee?*)
2. **Piacere di conoscerti.** – Nice to meet you. (*pya-CHEH-reh dee koh-NOH-sher-tee.*)
3. **Da dove vieni?** – Where are you from? (*dah DOH-veh VYEH-nee?*)
4. **Mi piace parlare con te.** – I enjoy talking with you. (*mee pya-CHEH-eh par-LAH-reh con teh.*)
5. **Hai una famiglia?** – Do you have a family? (*ah-EE OO-nah fah-MEE-lyah?*)
6. **Cosa ti piace fare nel tempo libero?** – What do you like to do in your free time? (*COH-zah tee PYA-cheh FAH-reh nel TEM-poh LEE-beh-roh?*)
7. **Qual è il tuo hobby?** – What is your hobby? (*kwahl eh eel TOO-oh OH-bee?*)
8. **Mi puoi consigliare un posto da visitare?**

– Can you recommend a place to visit? (*mee pwoy kon-seel-YAH-reh oon POHS-toh dah vee-zee-TAH-reh?*)

9. **Che tempo fa oggi?** – What's the weather like today? (*keh TEM-poh fah OH-jee?*)

10. **Ti va di uscire stasera?** – Do you want to go out tonight? (*tee vah dee oo-SHEE-reh stah-SEH-rah?*)

11. **Ho bisogno di una pausa.** – I need a break. (*oh bee-ZOH-nyoh dee OO-nah POU-zah.*)

12. **Dove posso trovare un posto tranquillo per rilassarmi?** – Where can I find a quiet place to relax? (*DOH-veh POS-soh tro-VAH-reh oon POHS-toh trahn-KWEEL-loh pehr ree-lah-SAR-mee?*)

OUTDOOR AND ADVENTURE ACTIVITIES

1. **Dove posso fare escursioni?** – Where can I go hiking? (*DOH-veh POS-soh FAH-reh es-KOOR-syo-nee?*)
2. **C'è un posto per il campeggio vicino?** – Is there a camping spot nearby? (*cheh oon POHS-toh pehr eel cam-PEH-joh vee-CHEE-noh?*)
3. **Qual è il percorso più facile?** – What is the easiest trail? (*kwahl eh eel per-KOR-soh pyooh FAH-chee-leh?*)
4. **Posso noleggiare una bicicletta?** – Can I rent a bike? (*POS-soh noh-leh-JAH-reh oo-NAH bee-chee-KLEH-tah?*)
5. **Dove si trova il parco naturale?** – Where is the nature park? (*DOH-veh see TROH-vah eel PAR-koh nah-too-RAH-leh?*)
6. **Mi piace fare kayak.** – I like kayaking. (*mee pya-CHEH-eh FAH-reh KAH-yahk.*)

7. **C'è un tour organizzato della città?** – Is there an organized city tour? (*cheh oon TOOR or-gan-nee-ZAH-toh del-lah chee-TAH?*)
8. **Posso prenotare un'escursione per domani?** – Can I book an excursion for tomorrow? (*POS-soh preh-no-TAH-reh oon-es-KOOR-syo-neh pehr doh-MAH-nee?*)
9. **Quali sono le attività all'aperto qui?** – What outdoor activities are there here? (*kwah-lee SOH-noh leh ahk-TEE-vee-TAH ah-lah-PEHR-toh kwee?*)
10. **C'è una guida turistica disponibile?** – Is there a tour guide available? (*cheh oo-NAH GWEED-ah too-REE-stee-kah dis-poh-nee-BEE-leh?*)

EVENTS AND FESTIVALS

1. **Quando inizia il festival?** – When does the festival start? (*KWAN-doe een-EE-tsee-ah eel FES-tee-val?*)
2. **Dove si tiene il concerto?** – Where is the concert held? (*DOH-veh see TYEH-neh eel con-CHER-toh?*)
3. **Posso comprare i biglietti online?** – Can I buy tickets online? (*POS-soh com-PRAH-reh ee bee-LYEH-tee on-LINE?*)
4. **C'è un festival di musica quest'estate?** – Is there a music festival this summer? (*cheh oon FES-tee-val dee MOO-zee-kah KWEHS-teh-STA-teh?*)
5. **Qual è il programma degli eventi?** – What is the schedule of events? (*kwahl eh eel proh-GRAHM-mah deh-llee eh-VEN-tee?*)
6. **Ci sono eventi speciali oggi?** – Are there any special events today? (*chee SOH-noh eh-VEN-tee speh-CHAH-lee OH-jee?*)

7. **Dove posso trovare informazioni sugli eventi locali?** – Where can I find information about local events? (*DOH-veh POS-soh tro-VAH-reh in-for-mah-TSYO-nee SOOL-ly eh-VEN-tee loh-KAH-lee?*)
8. **Quali sono le tradizioni di questo festival?** – What are the traditions of this festival? (*kwah-lee SOH-noh leh trah-dee-TSYO-nee dee KWEHS-toh FES-tee-val?*)
9. **Posso portare cibo e bevande?** – Can I bring food and drinks? (*POS-soh por-TAH-reh CHEE-boh eh beh-VAN-deh?*)
10. **C'è un'area per i bambini?** – Is there an area for children? (*cheh oon-AH-reh-ah pehr ee bam-BEE-nee?*)

ASKING FOR RECOMMENDATIONS

1. **Puoi consigliarmi un buon ristorante?** – Can you recommend a good restaurant? (*pwoy kon-seel-YAR-mee oon bwon ree-sto-RAHN-teh?*)
2. **C'è un posto che mi consiglieresti per comprare souvenir?** – Is there a place you would recommend for buying souvenirs? (*cheh oon POHS-toh keh mee kon-seel-YA-rehs-tee pehr com-PRAH-reh soo-veh-NEER?*)
3. **Qual è la tua attività preferita in questa città?** – What is your favorite activity in this city? (*kwahl eh lah TOO-ah ahk-tee-VEE-tah preh-feh-REE-tah een KWEHS-tah chee-TAH?*)
4. **Dove si trovano i migliori gelati?** – Where can I find the best gelato? (*DOH-veh see TROH-vah-noh ee mee-LYOR-ee jeh-*

LAH-tee?)

5. **Mi puoi consigliare un posto tranquillo per rilassarmi?** – Can you recommend a quiet place to relax? (*mee pwoy kon-seel-YAH-reh oon POHS-toh trahn-KWEEL-loh pehr ree-lah-SAR-mee?*)

6. **Qual è il miglior modo per visitare la città?** – What is the best way to visit the city? (*kwahl eh eel mee-LYOR MOH-doh pehr vee-zee-TAH-reh lah chee-TAH?*)

7. **C'è un posto particolare che devo vedere?** – Is there a particular place I should see? (*cheh oon POHS-toh par-tee-KU-lahr-eh keh DEH-voh veh-DEH-reh?*)

8. **Mi consiglieresti un'attività all'aperto?** – Would you recommend an outdoor activity? (*mee kon-seel-YAR-rehs-tee oon-ahk-TEE-vee-tah ah-lah-PEHR-toh?*)

9. **C'è un buon bar per la sera?** – Is there a good bar for the evening? (*cheh oon bwon bar pehr lah SEH-rah?*)

10. **Qual è il miglior museo da visitare?** – What is the best museum to visit? (*kwahl eh eel mee-LYOR moo-ZEH-oh dah vee-zee-TAH-reh?*)

UNEXPECTED SITUATIONS

1. **Aiuto!** – Help! (*ah-YOO-toh!*)
2. **Ho bisogno di un medico.** – I need a doctor. (*oh bee-ZOH-nyo dee oon MEH-dee-koh.*)
3. **Posso chiamare un'ambulanza?** – Can I call an ambulance? (*POS-soh kee-ah-MAH-reh oon-ahm-boo-LAHN-zah?*)
4. **Non mi sento bene.** – I don't feel well. (*non mee SEN-toh BEH-neh.*)
5. **Ho perso il mio portafoglio.** – I lost my wallet. (*oh PER-soh eel mee-oh por-tah-FOH-lyoh.*)
6. **Dove si trova la stazione di polizia?** – Where is the police station? (*DOH-veh see TROH-vah lah stah-TYOH-neh dee poh-lee-TSEE-ah?*)
7. **Qual è il numero per le emergenze?** – What is the emergency number? (*kwahl eh eel NOO-meh-roh pehr leh eh-mer-JEN-zeh?*)

8. **Il mio passaporto è stato rubato.** – My passport has been stolen. (*eel mee-oh pahs-sah-POR-toh eh STAH-toh roo-BAH-toh.*)
9. **Posso avere aiuto con la lingua?** – Can I get help with the language? (*POS-soh ah-VEH-reh ah-YOO-toh kon lah LEEN-gwah?*)
10. **C'è un ospedale vicino?** – Is there a hospital nearby? (*cheh oon oh-speh-DAH-leh vee-CHEE-noh?*)

TRAINS

1. **Dove si trova la stazione?** – Where is the train station? (*DOH-veh see TROH-vah lah stah-TYOH-neh?*)
2. **A che ora parte il prossimo treno?** – What time does the next train leave? (*ah keh OR-ah PAR-teh eel PROH-ssee-moh TREH-noh?*)
3. **Quanto costa un biglietto per Roma?** – How much is a ticket to Rome? (*KWAN-toh KOH-stah oon bee-LYEH-toh pehr ROH-mah?*)
4. **Vorrei un posto vicino al finestrino.** – I would like a seat by the window. (*vor-REH oon POHS-toh vee-CHEE-noh ahl fee-NEH-strinoh.*)
5. **Il treno è in ritardo?** – Is the train delayed? (*eel TREH-noh eh een ree-TAR-doh?*)
6. **Posso avere una mappa della rete ferroviaria?** – Can I have a map of the railway network? (*POS-soh ah-VEH-reh oon MAP-pah del-lah REH-teh fer-ro-vee-AH-ree-ah?*)

7. **Dove posso comprare i biglietti?** – Where can I buy tickets? (*DOH-veh POS-soh com-PRAH-reh ee bee-LYEH-tee?*)
8. **C'è una connessione Wi-Fi sul treno?** – Is there Wi-Fi on the train? (*cheh oon-ah con-ne-SYOH-neh WEE-FYE sool TREH-noh?*)
9. **Questa è la mia fermata?** – Is this my stop? (*KWEHS-tah eh lah mee-ah FER-mah-tah?*)
10. **Ho bisogno di un posto in prima classe.** – I need a first-class seat. (*oh bee-ZOH-nyo dee oon POHS-toh een PREE-mah CLAS-seh.*)

BOATS

1. **Dove si trova il porto?** – Where is the port? (*DOH-veh see TROH-vah eel POR-toh?*)
2. **Quanto tempo ci vuole per arrivare a [destinazione]?** – How long does it take to get to [destination]? (*KWAN-toh TEM-poh chee VWOH-leh pehr ah-ree-VAR-eh ah [deh-stee-nah-TYOH-ne]?*)
3. **C'è un traghetto per [isola/porto]?** – Is there a ferry to [island/port]? (*cheh oon trah-GHEHT-toh pehr [EE-soh-lah/POR-toh]?*)
4. **Posso prenotare un biglietto per il traghetto?** – Can I book a ticket for the ferry? (*POS-soh preh-no-TAH-reh oon bee-LYEH-toh pehr eel trah-GHEHT-toh?*)
5. **Dove posso noleggiare una barca?** – Where can I rent a boat? (*DOH-veh POS-soh noh-leh-JAH-reh oo-NAH BAR-kah?*)
6. **È sicuro nuotare qui?** – Is it safe to swim here? (*eh see-KOO-roh nwah-TAH-reh kwee?*)
7. **Questa è la mia cabina?** – Is this my

cabin? (*KWEHS-tah eh lah mee-ah kah-BEE-nah?*)
8. **C'è una piscina sulla barca?** – Is there a pool on the boat? (*cheh oo-NAH pee-SCHEE-nah SOO-lah BAR-kah?*)
9. **Posso portare il mio cane sulla barca?** – Can I bring my dog on the boat? (*POS-soh por-TAH-reh eel mee-oh KAH-neh SOO-lah BAR-kah?*)
10. **Il viaggio durerà quanto?** – How long will the trip last? (*eel VEE-ahj-jo doo-reh-RAH KWAN-toh?*)

PLANES

1. **Dove si trova l'aeroporto?** – Where is the airport? (*DOH-veh see TROH-vah lah-eh-reh-PORT-oh?*)
2. **Qual è il numero del volo?** – What is the flight number? (*kwahl eh eel NOO-meh-roh del VOH-loh?*)
3. **Posso avere un posto vicino al finestrino?** – Can I have a window seat? (*POS-soh ah-VEH-reh oon POHS-toh vee-CHEE-noh ahl fee-NEH-strinoh?*)
4. **Dove posso ritirare i bagagli?** – Where can I collect my luggage? (*DOH-veh POS-soh ree-tee-RAH-reh ee bah-GAHL-yee?*)
5. **Il volo è in ritardo?** – Is the flight delayed? (*eel VOH-loh eh een ree-TAR-doh?*)
6. **Posso portare un bagaglio a mano?** – Can I bring a carry-on bag? (*POS-soh por-TAH-reh oon bah-GAHL-lyoh ah MAH-noh?*)
7. **Ho bisogno di assistenza speciale.** – I need special assistance. (*oh bee-ZOH-nyo dee ahs-sees-TEN-sah speh-CHAH-leh.*)
8. **A che ora è l'imbarco?** – What time is boarding? (*ah keh OR-ah eh eem-BAR-koh?*)

9. **Questa è la mia carta d'imbarco?** – Is this my boarding pass? (*KWEHS-tah eh lah mee-ah CAR-tah deem-BAR-koh?*)

10. **Posso usare il Wi-Fi sull'aereo?** – Can I use the Wi-Fi on the plane? (*POS-soh oo-ZAH-reh eel WEE-FYE sool-lah-eh-REH-oh?*)

CARS (AUTOS AND TAXIS)

1. **Dove posso trovare un taxi?** – Where can I find a taxi? (*DOH-veh POS-soh tro-VAH-reh oon TAX-ee?*)
2. **Quanto costa la corsa fino all'aeroporto?** – How much is the ride to the airport? (*KWAN-toh KOH-stah lah COR-sah FEE-noh ahl-ah-eh-REH-port-oh?*)
3. **C'è una stazione di rifornimento vicino?** – Is there a gas station nearby? (*cheh oo-NAH stah-TYOH-neh dee ree-for-nee-MEN-toh vee-CHEE-noh?*)
4. **Posso avere una mappa della zona?** – Can I have a map of the area? (*POS-soh ah-VEH-reh oo-NAH MAP-pah del-lah ZOH-nah?*)
5. **Quanti chilometri ci sono fino a [destinazione]?** – How many kilometers is it

GENERAL ACCOMMODATION PHRASES

1. **Ho una prenotazione.** – I have a reservation. (*oh oo-nah preh-noh-tah-ZYOH-neh.*)
2. **Posso vedere la camera?** – Can I see the room? (*POS-soh veh-DEH-reh lah CAH-meh-rah?*)
3. **Quanto costa per notte?** – How much does it cost per night? (*KWAN-toh KOH-stah pehr NOT-teh?*)
4. **La colazione è inclusa?** – Is breakfast included? (*lah koh-lah-TSYOH-neh eh een-KLOO-zah?*)
5. **A che ora è il check-in?** – What time is check-in? (*ah keh OR-ah eh eel CHEK-een?*)
6. **A che ora è il check-out?** – What time is check-out? (*ah keh OR-ah eh eel CHEK-out?*)
7. **Posso avere un asciugamano extra?** –

Can I have an extra towel? (*POS-soh ah-VEH-reh oon ah-shoo-gah-MAH-noh EX-trah?*)

8. **C'è il Wi-Fi in camera?** – Is there Wi-Fi in the room? (*cheh eel WEE-FYE een CAH-meh-rah?*)

9. **Dove si trova la reception?** – Where is the reception? (*DOH-veh see TROH-vah lah reh-CEP-shun?*)

10. **La camera è per fumatori?** – Is the room for smokers? (*lah CAH-meh-rah eh pehr foo-mah-TOH-ree?*)

HOTELS

1. **Vorrei prenotare una stanza per due persone.** – I would like to book a room for two people. (*vor-REH preh-noh-TAH-reh oo-nah STAN-zah pehr doo-eh per-SOH-neh.*)
2. **C'è un parcheggio qui vicino?** – Is there parking nearby? (*cheh oon par-KAY-joh kwee vee-CHEE-noh?*)
3. **Posso pagare con carta di credito?** – Can I pay with a credit card? (*POS-soh pah-GAH-reh kon CAR-tah dee CREH-dee-toh?*)
4. **La stanza è pulita?** – Is the room clean? (*lah STAN-zah eh poo-LEE-tah?*)
5. **Posso avere una camera con vista mare?** – Can I have a room with a sea view? (*POS-soh ah-VEH-reh oo-nah CAH-meh-rah kon VEE-stah MAH-reh?*)

HOSTELS AND BACKPACKER LODGES

1. **Qual è la tariffa per notte?** – What is the rate per night? (*kwahl eh lah tah-REE-fah pehr NOT-teh?*)
2. **C'è una cucina comune?** – Is there a communal kitchen? (*cheh oo-NAH koo-CHEE-nah koh-MOO-neh?*)
3. **Posso prenotare un letto in dormitorio?** – Can I book a bed in a dormitory? (*POS-soh preh-noh-TAH-reh oon LET-toh een dor-mee-TOR-ee-oh?*)
4. **C'è una zona comune per socializzare?** – Is there a common area to socialize? (*cheh oo-NAH ZOH-nah koh-MOO-neh pehr soh-CHAH-lee-ZAH-reh?*)
5. **Il Wi-Fi è gratuito?** – Is the Wi-Fi free? (*eel WEE-FYE eh gra-TOO-ee-toh?*)

CAMPING

1. **Posso piantare la tenda qui?** – Can I pitch my tent here? (*POS-soh pee-AN-tah-reh lah TEN-dah kwee?*)
2. **C'è un bagno pubblico?** – Is there a public restroom? (*cheh oon BAH-nyo POOB-blee-koh?*)
3. **Posso avere un posto per il campeggio?** – Can I have a spot for camping? (*POS-soh ah-VEH-reh oon POHS-toh pehr eel cam-PEHJ-joh?*)
4. **Dove si trova la zona per il fuoco?** – Where is the fire pit area? (*DOH-veh see TROH-vah lah ZOH-nah pehr eel FWAH-koh?*)
5. **Posso noleggiare un camper?** – Can I rent a camper? (*POS-soh noh-leh-JAH-reh oon CAM-per?*)

OTHER TYPES OF ACCOMMODATION

1. **C'è un bed and breakfast vicino?** – Is there a bed and breakfast nearby? (*cheh oon BED-and-BREAK-fast vee-CHEE-noh?*)
2. **Vorrei un appartamento in affitto.** – I would like to rent an apartment. (*vor-REH oon ahp-par-teh-MEN-toh een ah-FEE-toh.*)
3. **Posso prenotare una casa vacanze?** – Can I book a vacation home? (*POS-soh preh-noh-TAH-reh oo-NAH CAH-zah vah-KAHN-zeh?*)
4. **C'è una pensione nella zona?** – Is there a guesthouse in the area? (*cheh oo-NAH pen-SYOH-neh NEL-lah ZOH-nah?*)
5. **Accettate animali domestici?** – Do you accept pets? (*ahk-chet-TAH-teh ah-nee-MAH-lee doh-MES-tee-chee?*)

EMERGENCIES AND ACCIDENTS

1. **Aiuto!** – Help! (*ah-YOO-toh!*)
2. **Ho bisogno di un medico.** – I need a doctor. (*oh bee-ZOH-nyo dee oon MEH-dee-koh.*)
3. **Chiamate un'ambulanza!** – Call an ambulance! (*kee-ah-MAH-teh oon am-bu-LAHN-zah!*)
4. **C'è stato un incidente.** – There has been an accident. (*cheh STAH-toh oon een-chee-DEN-teh.*)
5. **Dove si trova l'ospedale più vicino?** – Where is the nearest hospital? (*DOH-veh see TROH-vah loh-spe-DAH-leh pyooh vee-CHEE-noh?*)
6. **Mi sono fatto male.** – I am injured. (*mee SOH-noh FAH-toh MAH-leh.*)
7. **Ho bisogno di aiuto urgente.** – I need urgent help. (*oh bee-ZOH-nyo dee ah-YOO-toh ur-JEN-teh.*)
8. **La mia carta di credito è stata rubata.** –

My credit card has been stolen. (*lah MEE-ah CAR-tah dee CREH-dee-toh eh STAH-tah roo-BAH-tah.*)

9. **Posso chiamare il mio consolato?** – Can I call my consulate? (*POS-soh kee-ah-MAH-reh eel mee-oh kon-soh-LAH-toh?*)

10. **Dove posso trovare una farmacia di emergenza?** – Where can I find an emergency pharmacy? (*DOH-veh POS-soh troh-VAH-reh oon-ah far-mah-CEE-ah dee eh-mer-JEN-zah?*)

DOCTOR'S VISIT

1. **Vorrei prendere un appuntamento con il medico.** – I would like to make an appointment with the doctor. (*vor-REH PREHN-deh-reh oon ahp-poon-TAH-men-toh kon eel MEH-dee-koh.*)
2. **Ho un forte mal di testa.** – I have a severe headache. (*oh oon FOR-teh MAHL dee TEH-stah.*)
3. **Sono allergico/a al...** – I am allergic to... (*SOH-noh al-LER-jee-koh/ah al...*)
4. **Ho la febbre.** – I have a fever. (*oh lah FEB-breh.*)
5. **Mi fa male la gola.** – My throat hurts. (*mee fah MAH-leh lah GOH-lah.*)
6. **Dove si trova lo studio medico?** – Where is the doctor's office? (*DOH-veh see TROH-vah loh STOO-dee-oh MEH-dee-koh?*)
7. **Posso avere una prescrizione per... ?** – Can I have a prescription for... ? (*POS-soh ah-VEH-reh oon-ah preh-scree-TSEE-oh-neh pehr... ?*)
8. **È un'emergenza medica.** – It's a medical emergency. (*eh oon eh-mer-JEN-zah MEH-*

dee-kah.)
9. **Ho bisogno di un esame del sangue.** – I need a blood test. (*oh bee-ZOH-nyo dee oon eh-ZAH-meh del SAHN-goo.*)

10. **Mi sento debole.** – I feel weak. (*mee SEN-toh DEH-boh-leh.*)

PHARMACY

1. **Dove si trova la farmacia?** – Where is the pharmacy? (*DOH-veh see TROH-vah lah far-mah-CEE-ah?*)
2. **Ho bisogno di un antidolorifico.** – I need painkillers. (*oh bee-ZOH-nyo dee oon an-tee-doh-loh-REE-fee-koh.*)
3. **Posso avere un farmaco per il raffreddore?** – Can I have a medicine for a cold? (*POS-soh ah-VEH-reh oon FAR-mah-koh pehr eel rah-FREH-dor-eh?*)
4. **Ci sono effetti collaterali?** – Are there any side effects? (*chee SOH-noh ef-FET-tee koh-lah-teh-RAH-lee?*)
5. **Ho bisogno di un collirio.** – I need eye drops. (*oh bee-ZOH-nyo dee oon col-LEE-ree-oh.*)
6. **Mi serve una crema per la pelle secca.** – I need a cream for dry skin. (*mee SEHR-veh oo-NAH CREH-mah pehr lah PEHL-leh SEH-kah.*)
7. **La farmacia è aperta 24 ore su 24?** – Is the pharmacy open 24/7? (*lah far-mah-CEE-ah eh ah-PEHR-tah VENTI-quattro o-*

reh soo VENTI-quattro?)

8. **Posso avere qualcosa per il mal di stomaco?** – Can I have something for a stomachache? (*POS-soh ah-VEH-reh KWAHL-kah-soh pehr eel MAHL dee STOH-mah-koh?*)

9. **Mi può consigliare un rimedio per la tosse?** – Can you recommend a remedy for a cough? (*mee pwoh kon-see-LYAH-reh oon ree-MEH-dee-oh pehr lah TOS-seh?*)

10. **Ho bisogno di una pomata per i graffi.** – I need an ointment for scratches. (*oh bee-ZOH-nyo dee oo-NAH poh-MAH-tah pehr ee GRAH-fee.*)

GYMS AND FITNESS

1. **Dove si trova la palestra?** – Where is the gym? (*DOH-veh see TROH-vah lah pah-LES-trah?*)
2. **Posso fare una lezione di prova?** – Can I take a trial class? (*POS-soh FAH-reh oo-NAH leh-TSYOH-neh dee PROH-vah?*)
3. **Quante volte alla settimana posso allenarmi?** – How many times a week can I train? (*KWAN-teh VOL-teh ah-lah set-tee-MAH-nah POS-soh ahl-leh-NAR-mee?*)
4. **Hai delle attrezzature per il sollevamento pesi?** – Do you have weightlifting equipment? (*ah-yee del-leh at-trez-ZAH-too-reh pehr eel sol-leh-VA-men-toh PEH-see?*)
5. **Posso usare la sauna?** – Can I use the sauna? (*POS-soh oo-ZAH-reh lah SAH-oo-nah?*)
6. **C'è una piscina in palestra?** – Is there a pool in the gym? (*cheh oo-NAH pee-SHEE-*

nah een pah-LES-trah?)
7. **Quali sono gli orari di apertura?** – What are the opening hours? (*KWAL-ee SOH-noh leeo-RAH-ree dee ah-pehr-TUR-ah?*)
8. **Posso fare yoga o pilates qui?** – Can I do yoga or pilates here? (*POS-soh FAH-reh YOH-gah oh pee-LAH-tehs kwee?*)
9. **C'è un personal trainer disponibile?** – Is there a personal trainer available? (*cheh oon PER-son-al TRAIN-er dee-spee-NEE-beh-leh?*)
10. **Vorrei una scheda di allenamento.** – I would like a workout plan. (*vor-REH oon-ah SKHEH-dah dee ahl-leh-NAH-men-toh.*)

ADDITIONAL HEALTH-RELATED PHRASES

1. **Ho bisogno di un consulto medico.** – I need a medical consultation. (*oh bee-ZOH-nyo dee oon kon-SOOL-toh MEH-dee-koh.*)
2. **Sto male, ho bisogno di riposare.** – I feel unwell, I need to rest. (*stoh MAH-leh, oh bee-ZOH-nyo dee ree-POH-sah-reh.*)
3. **Posso avere un check-up completo?** – Can I have a full check-up? (*POS-soh ah-VEH-reh oon CHEK-up kom-PLEH-toh?*)
4. **Soffro di allergie.** – I suffer from allergies. (*SOH-froh dee al-LER-jee-eh.*)
5. **Ho bisogno di una visita di controllo.** – I need a check-up visit. (*oh bee-ZOH-nyo dee oo-NAH VEE-zee-tah dee kon-TROH-loh.*)
6. **La mia pressione è alta.** – My blood

pressure is high. (*lah MEE-ah preh-SYOH-neh eh AH-ltah.*)
7. **Ho bisogno di una radiografia.** – I need an X-ray. (*oh bee-ZOH-nyo dee oo-NAH rah-dee-oh-grah-FEE-ah.*)
8. **C'è una clinica vicino?** – Is there a clinic nearby? (*cheh oo-NAH KLEE-nee-kah vee-CHEE-noh?*)
9. **Posso avere un certificato medico?** – Can I have a medical certificate? (*POS-soh ah-VEH-reh oon cher-tee-fee-CAH-toh MEH-dee-koh?*)
10. **Mi sono sentito male dopo aver mangiato.** – I felt unwell after eating. (*mee SOH-noh sen-TEE-toh MAH-leh DOH-poh ah-VEHR MAHN-JAH-toh.*)

GENERAL SPORTS AND RECREATION

1. **Mi piace fare sport.** – I like to play sports. (*mee PEE-ah-cheh FAH-reh sport.*)
2. **Qual è il tuo sport preferito?** – What is your favorite sport? (*KWAL eh eel TOO-oh sport preh-feh-REE-toh?*)
3. **Giochi a calcio?** – Do you play soccer? (*JOH-kee ah CAL-choh?*)
4. **Vado a correre ogni mattina.** – I go running every morning. (*VAH-doh ah COR-reh-reh ON-yee maht-TEE-nah.*)
5. **Hai mai fatto alpinismo?** – Have you ever gone mountain climbing? (*ah-yee mai FAH-toh al-pee-NEE-zmo?*)
6. **Dove posso noleggiare una bicicletta?** – Where can I rent a bicycle? (*DOH-veh POS-soh noh-leh-JAH-reh oo-NAH bee-chee-CLEH-tah?*)
7. **Mi piacerebbe andare in palestra.** – I

would like to go to the gym. (*mee pee-ah-cheh-REH-beh ahn-DAH-reh een pah-LES-trah.*)

8. **C'è una partita di basket stasera?** – Is there a basketball game tonight? (*cheh oo-NAH par-TEE-tah dee BAH-sket stah-SEH-rah?*)

9. **Vado a fare una passeggiata.** – I'm going for a walk. (*VAH-doh ah FAH-reh ooh-NAH pahs-seh-JAH-tah.*)

10.   **Quali sono le regole del gioco?** – What are the rules of the game? (*KWAL-ee SOH-noh leh REH-go-leh del JOH-go?*)

SOCCER (CALCIO)

1. **Mi piace guardare il calcio.** – I like watching soccer. (*mee PEE-ah-cheh gwahr-DAH-reh eel CAL-choh.*)
2. **Hai visto la partita ieri sera?** – Did you watch the game last night? (*ah-yee VEES-toh lah par-TEE-tah EE-ree SEH-rah?*)
3. **Qual è la tua squadra preferita?** – What is your favorite team? (*KWAL eh lah TOO-ah SWAH-drah preh-feh-REE-tah?*)
4. **Che risultato ha avuto la partita?** – What was the result of the game? (*keh ree-SOOL-tah-toh ah ah-VOO-toh lah par-TEE-tah?*)
5. **La finale è domenica.** – The final is on Sunday. (*lah fee-NAH-leh eh doh-MEH-nee-kah.*)
6. **Posso giocare a calcio con te?** – Can I play soccer with you? (*POS-soh jo-KAH-reh ah CAL-choh kon teh?*)
7. **Quanti gol hai segnato?** – How many goals did you score? (*KWAN-tee gol ahy seh-NYAH-toh?*)
8. **Dove si gioca la prossima partita?** – Where is the next game being played?

(*DOH-veh see JOH-gah lah PROH-ssee-mah par-TEE-tah?*)

9. **L'arbitro ha fischiato per un fallo.** – The referee blew the whistle for a foul. (*l'AR-bee-troh ah feesk-YAH-toh pehr oon FAL-loh.*)

10. **La squadra ha vinto il campionato.** – The team won the championship. (*lah SWAH-drah ah VEEN-toh eel kahm-pee-oh-NAH-toh.*)

SWIMMING (NUOTO)

1. **Mi piace nuotare.** – I like swimming. (*mee PEE-ah-cheh noo-OH-tah-reh.*)
2. **Dove si trova la piscina?** – Where is the swimming pool? (*DOH-veh see TROH-vah lah pee-SHEE-nah?*)
3. **Posso fare un tuffo?** – Can I dive in? (*POS-soh FAH-reh oon TOOF-foh?*)
4. **Qual è la temperatura dell'acqua?** – What is the water temperature? (*KWAL eh lah tem-peh-RAH-too-rah del-LAHK-kwah?*)
5. **Ho bisogno di un costume da bagno.** – I need a swimsuit. (*oh bee-ZOH-nyo dee oon kos-TOO-meh dah BAH-nyoh.*)
6. **Sapevi nuotare da bambino/a?** – Did you know how to swim as a child? (*sah-PEH-vee noo-OH-tah-reh dah bam-BEE-noh/ah?*)
7. **Quante vasche fai al giorno?** – How many laps do you do per day? (*KWAN-teh VAS-keh fah-ee al JOR-noh?*)
8. **Ci sono lezioni di nuoto per

principianti? – Are there swimming lessons for beginners? (*chee SOH-noh leh-TSYOH-nee dee NOH-toh pehr preen-chee-PEE-an-tee?*)

9. **Dove posso noleggiare una tavola da nuoto?** – Where can I rent a swimming board? (*DOH-veh POS-soh noh-leh-JAH-reh oo-NAH TAH-voh-lah dah NOH-toh?*)

10. **Mi piace nuotare in mare.** – I like swimming in the sea. (*mee PEE-ah-cheh noo-OH-tah-reh een MAH-reh.*)

SKIING (SCI)

1. **Mi piace sciare.** – I like skiing. (*mee PEE-ah-cheh shee-AH-reh.*)

2. **Qual è la pista più facile?** – Which is the easiest slope? (*KWAL eh lah PEE-stah pyooh FAH-chee-leh?*)

3. **Posso prendere una lezione di sci?** – Can I take a skiing lesson? (*POS-soh PREHN-deh-reh oo-NAH leh-TSYOH-neh dee shee?*)

4. **Dove si trovano gli impianti di risalita?** – Where are the ski lifts? (*DOH-veh see TROH-vah-noh lyee eem-PEE-ahn-tee dee ree-sah-LEE-tah?*)

5. **La neve è perfetta oggi!** – The snow is perfect today! (*lah NEH-veh eh per-FET-tah OHD-jee!*)

6. **Hai gli sci da discesa o da fondo?** – Do you have downhill or cross-country skis? (*ah-yee lyee SHEE dah dee-sheh-ZAH oh dah FON-do?*)

7. **Mi serve un casco per sciare.** – I need a

helmet for skiing. (*mee SEHR-veh

MOUNTAINEERING PHRASES

1. **Siamo pronti per iniziare l'escursione.**
   We are ready to start the hike.
   Pronunciation: *Syah-moh prohn-tee pehr een-ee-tsyah-reh leh-skoor-syo-neh*

2. **Dove si trova il rifugio più vicino?**
   Where is the nearest refuge?
   Pronunciation: *Doh-veh see troh-vah eel ree-foo-joh pyoo vee-chee-noh?*

3. **Attenzione al sentiero scivoloso!**
   Watch out for the slippery path!
   Pronunciation: *At-ten-tzyoh-nay ahl sen-tyay-roh shee-vo-loh-soh!*

4. **Abbiamo bisogno di un po' di acqua.**
   We need some water.
   Pronunciation: *Ab-bee-ah-moh bee-zo-nyoh dee oon poh dee ah-kwah.*

5. **Il tempo sta cambiando, prepariamoci.**
   The weather is changing; let's get ready.

Pronunciation: *Eel tem-poh stah kahm-byahn-do, preh-pah-ree-ah-moh-chee.*

WEATHER PHRASES

1. **Che tempo farà domani?**
   What will the weather be like tomorrow?
   Pronunciation: *Ke tem-poh fah-rah doh-mah-nee?*

2. **Oggi è una giornata nuvolosa.**
   Today is a cloudy day.
   Pronunciation: *Oh-gee eh oo-nah jor-nah-tah noo-voh-loh-sah.*

3. **C'è il sole oggi.**
   It's sunny today.
   Pronunciation: *Cheh eel soh-leh oh-gee.*

4. **Prevedo pioggia per questa sera.**
   I forecast rain for tonight.
   Pronunciation: *Preh-veh-doh pee-oj-jah pehr kwes-tah seh-rah.*

5. **La temperatura è abbastanza fredda.**
   The temperature is quite cold.
   Pronunciation: *Lah tem-peh-rah-too-rah*

eh ab-bah-stan-tsah fred-dah.

FAMILY PHRASES

1. **La mia famiglia è molto importante per me.**
   My family is very important to me.
   Pronunciation: *Lah mee-ah fah-meel-yah eh mol-toh im-por-tan-teh pehr meh.*

2. **Hai fratelli o sorelle?**
   Do you have brothers or sisters?
   Pronunciation: *Ah-ee fra-tel-lee oh soh-rehl-leh?*

3. **I miei genitori sono molto gentili.**
   My parents are very kind.
   Pronunciation: *Ee mee-eh jeh-nee-toh-ree soh-noh mol-toh jen-tee-lee.*

4. **Mio nonno e mia nonna vivono in campagna.**
   My grandfather and grandmother live in the countryside.
   Pronunciation: *Mee-oh non-noh eh mee-ah non-nah vee-voh-noh een kahm-pah-nya.*

5. **Questa è la mia famiglia.**
   This is my family.

Pronunciation: *Kwes-tah eh lah mee-ah fah-meel-yah.*

AGE AND RELATED PHRASES

1. **Quanti anni hai?**
   How old are you?
   Pronunciation: *Kwan-tee ahn-nee ah-ee?*

2. **Ho venticinque anni.**
   I am twenty-five years old.
   Pronunciation: *Oh ven-tee-cheen-kweh ahn-nee.*

3. **Lei è più giovane di me.**
   She is younger than me.
   Pronunciation: *Lay eh pyooh joh-vah-neh dee meh.*

4. **Mio nonno ha novant'anni.**
   My grandfather is ninety years old.
   Pronunciation: *Mee-oh non-noh ah noh-vahn-tah-nee.*

5. **Non sono più un bambino.**

I am no longer a child.
Pronunciation: *Non soh-noh pyooh oon bahm-bee-noh.*

6. **Quando sei nato?**
When were you born?
Pronunciation: *Kwan-doh seh-ee nah-toh?*

7. **La mia età è un segreto.**
My age is a secret.
Pronunciation: *Lah mee-ah eh-tah eh oon seh-greh-toh.*

8. **L'età non conta.**
Age doesn't matter.
Pronunciation: *Leh-tah non kon-tah.*

9. **Sono un adulto.**
I am an adult.
Pronunciation: *Soh-noh oon ah-dool-toh.*

10. **Mi sento più giovane di quanto sono.**
I feel younger than I am.
Pronunciation: *Mee sen-toh pyooh joh-vah-neh dee kwan-toh soh-noh.*

ORDINAL NUMBERS

1. **Primo** (first)
Pronunciation: *Pree-moh*

2. **Secondo** (second)
Pronunciation: *Seh-kohn-doh*

3. **Terzo** (third)
Pronunciation: *Ter-tsoh*

4. **Quarto** (fourth)
Pronunciation: *Kwahr-toh*

5. **Quinto** (fifth)
Pronunciation: *Kween-toh*

6. **Sesto** (sixth)
Pronunciation: *Sehs-toh*

7. **Settimo** (seventh)
Pronunciation: *Seht-tee-moh*

8. **Ottavo** (eighth)
Pronunciation: *Oht-tah-voh*

9. **Nono** (ninth)
Pronunciation: *Noh-noh*

10. **Decimo** (tenth)
Pronunciation: *Deh-chee-moh*

FOOD ORDERING PHRASES IN FAST FOOD SITUATIONS

1. **Posso avere il menù, per favore?**
   Can I have the menu, please?
   Pronunciation: *Pohs-soh ah-veh-reh eel meh-noo, pehr fah-voh-reh?*

2. **Vorrei un panino con prosciutto e formaggio.**
   I would like a sandwich with ham and cheese.
   Pronunciation: *Vor-ray oon pah-nee-noh kon proh-shoot-toh eh for-mah-joh.*

3. **Mi può consigliare qualcosa?**
   Can you recommend something?
   Pronunciation: *Mee poh kon-see-lyah-reh kwahl-koh-sah?*

4. **Quanto costa questo?**
How much does this cost?
Pronunciation: *Kwan-toh kos-tah kwes-toh?*

5. **Posso avere un bicchiere d'acqua, per favore?**
Can I have a glass of water, please?
Pronunciation: *Pohs-soh ah-veh-reh oon beek-kee-eh-reh dahk-kwah, pehr fah-voh-reh?*

6. **Vorrei un hamburger con patatine fritte.**
I would like a hamburger with French fries.
Pronunciation: *Vor-ray oon ahm-boor-gehrr kon pah-tah-tee-neh freet-teh.*

7. **Posso pagare con la carta di credito?**
Can I pay with a credit card?
Pronunciation: *Pohs-soh pah-gah-reh kon lah kar-tah dee creh-dee-toh?*

8. **Siamo in cinque.**
We are five.
Pronunciation: *Syah-moh een cheen-kweh.*

9. **C'è un menù per bambini?**
Is there a kids' menu?
Pronunciation: *Cheh oon meh-noo pehr bahm-bee-nee?*

10. **Non voglio niente da bere.**
I don't want anything to drink.
Pronunciation: *Non vohl-yoh nyehn-teh*

dah beh-reh.

Printed in Dunstable, United Kingdom